文史哲學集成

嚴靈峰著

馬王堆帛書易經斠理

文史哲出版社印行

國家圖書館出版品預行編目資料

馬王堆帛書易經斠理 / 嚴靈峰著. -- 初版 --
臺北市：文史哲，民 83.07
頁； 21 公分（文史哲學集成；319）
ISBN 978-957-547-879-7（平裝）

1.易經－評論

121.17 83005940

文史哲學集成 319

馬王堆帛書易經斠理

著　者：嚴　靈　峰
出版者：文　史　哲　出　版　社
http://www.lapen.com.tw
e-mail：lapen@ms74.hinet.net
登記證字號：行政院新聞局版臺業字五三三七號
發行人：彭　正　雄
發行所：文　史　哲　出　版　社
印刷者：文　史　哲　出　版　社
臺北市羅斯福路一段七十二巷四號
郵政劃撥帳號：一六一八〇一七五
電話886-2-23511028・傳真886-2-23965656

實價新臺幣四二〇元

一九九四年（民八十三）七月初版

ISBN 978-957-547-879-7 00319

自序

湖自一九四五年十月，在重慶撰寫「易學新論」以來，迄今已近半個世紀；五十年歲月，對於易經的研究，從未間斷，並輒有論述。中以校勘與義理爲主，少涉卜筮象數之學。一九七三年湖南長沙馬王堆漢墓出土的帛書易經，可謂人間瑰寶；爲中、外易學研究專家所重視。依此古本，足證易之成書應在先秦。自是競相探索，蔚成風氣。同年一月，即在「文物」月刊第九號內，獲得署名「曉菡」的「長沙馬王堆漢墓帛書概述」，加以探討；嗣於一九八〇年，完成了「馬王堆帛書易經初步研究」一書；旋於一九八五年又著「馬王堆帛書易經六十四卦的重卦和卦序問題」一文，發表於此間臺灣商務印書館所發行的「東方雜誌」。是皆間接取材，猶如扣盤、摸象；未敢自信。鵠候二十餘載，最近先後覓得：張立文教授所著「周易帛書今注今譯」、陳松長編的「馬王堆漢墓文物」、及其「帛書繫辭釋文」、廖名春的帛書「二三子問」、「易之義」、「要」釋文，以及臺灣大學教授黃沛榮的「帛書『繫辭傳』校證」諸著作，乃有機會作深入的探討。上述各書，雖非第一手的原始資料，但亦近眞。由於新資料發現不少問題，也提供了有明確認知；乃決計撰寫本書。並藉此對於個人過去各種著述，著手加以補充或訂正。今後有關此類論著，悉依本書爲標準；不擬重新補苴，藉省精力。「學然後知不足。」誠哉斯言！宋、元人對於古易的「復舊」，大刀闊斧，已盡心力，且有業績；但囿於傳統觀念，難免抱殘守闕，未竟全功。作者於此則大膽改定本文，並作客觀的論斷；冀能對易經的研究，作微薄的貢獻；藏否有待後賢。爲了促進兩岸文化交流，引玉拋磚，盼大陸學人多所是正，是所厚望！

一九九四年，「五四」於臺灣省臺北市天母無求備齋

馬王堆帛書易經斠理　目次

附錄

馬王堆帛書易經斠理

一、帛書易經與「古」、「今」文

漢許愼說文解字叙稱：「秦書有八體，八曰「隸書」；秦始皇帝使下杜人程邈所作也。因始皇大發吏卒，興戍役，官獄職務繁，初有隸書，以趣約易。」把小篆的筆劃予以簡化，便於書寫。這也叫做「秦隸」。帛書易經的字體應是「秦隸」；和秦銅權銘與漢少室神道闕差不多。

許愼還說：「七國言語異聲，文字異形。」……

秦始皇帝初兼天下，丞相李斯乃奏同之。罷其不與秦合者，斯作倉頡篇、中車府令趙高作爰歷篇，太史令胡毋敬作博學篇，皆取史籀大篆或頗省改；所謂小篆者也。

可見始皇時，除採用「隸書」外，通行的文字卻是用「小篆」。小篆是史籀大篆所省改而成。

至於先秦所用文字，許愼說：

『及宣王太史籀著大篆十五篇，與古文或異。至孔子書六經、左丘明述春秋皆以「古文」。』

那末，史籀的大篆和孔子及左丘明所用的大篆，又略有不同。孟康說：「史籀所作十五篇古文書也。」則孟康又以籀文爲「古文」。

班固漢書藝文志：

「武帝末，魯恭王壞孔子宅，欲以廣其居，而得古文尚書及禮記、論語、孝經凡數十篇，皆古字也。」

但孔安國尙書序卻說：

「於壁中得先人所藏古文虞、夏、商、周之書及論語、孝經皆科斗文字。」——孔穎達正義：『形多頭麤尾細狀，腹團圓，似水蟲之科斗，故曰「科斗」也。』

則孔安國所稱「古文」，亦即「古字」爲「科斗文」；同時，孔壁所藏古文書中並無「易經」在內。

可見在先秦所流行的文字，所謂「古文」，應包括：古籀、科斗文、大篆、石鼓文、鐘鼎款識乃至甲骨文字。——以上都是就文字的「形體」言，亦即孔穎達所謂：「周世所用之文字。」

藝文志又稱：

易經十二篇，施、孟、梁丘三家。……

易曰：『宓戲氏仰觀象於天，俯觀法於地，觀鳥獸之文，與地之宜，近取諸身，遠取諸物，於是始作「八卦」，以通神明之德，以類萬物之情。至於殷、周之際，紂在上位，逆天暴物。文王以諸侯順命而行，道天人之占，可得而效。於是重易六爻，作上、下篇。孔氏爲之彖、象、繫辭、文言、序卦之屬十篇。……及秦燔書，而易爲筮卜之事，傳者不絕。漢興，田何傳之。訖於宣、元，有施、孟、梁丘、京氏列於學官，而民間有費、高二家之說。劉向以中古文易經校施、孟、梁丘經，或脫去「無咎」、「悔亡」，唯費氏經與古文同。』

顏師古注：「中者，天子之書也。言中，以別於外耳。」

宋鄭樵六經奧論六經古文辨亦稱：『劉向則三家脫去「悔亡」、「無咎」，獨取費氏得「古文」之正。今之易行於世，費氏易也。』

以上論易經「今」、「古」文本的流傳兼及劉向校書的經過：

㈠「劉向以中古文易經校施、孟、梁丘經。」即是說：劉向只校易經的「經文」，不包括十翼或傳、注。

㈡劉向用中（內府所藏的）「古文」易經，來校正施讎、孟喜、梁丘賀的易經。則施、孟、梁丘三家的易經爲「外書」，且非「古文」。

㈢費直和高堂生的書爲民間書，只有費直的易經和內府所藏的易經相同。這並非謂費直的書爲「古文」；而是說，費直書中的文字內容結構與內府的「古文易經」是同樣字體。——因費氏是漢代人，秦時「古文已廢」，費直自不會以「古文」著書。

㈣劉向校讎施、孟、梁丘三家易經，皆已立於學官，發現其書中或脫去「无咎」、「悔亡」等字，費直的易經則未脫；故云：「唯費氏經與古文同」，非謂費氏之書爲「古文」也。此係從「字體」言，而非從「字義」言。

㈤費氏易亦可能在漢代用「古文」書寫；但其書已佚，無從佐證。帛書易經不分上、下，無章句，不附「十翼」文字，只有本文。

又：陸德明釋文：「河上公注爲章句四卷。」又云：「於是授以漢文老子章句四篇。」現存老子河上公注爲四卷，八十一章。「注」與「章句」分開，可見此「章句」乃指分章、分篇而言。

無論如何，吾人可以斷定：費氏易應是「無注本」乃至並無分章斷句。劉向以古文易經校三家經，可見費氏書也只限於上、下經，不附「十翼」。陸德明釋文叙錄：「費直章句四卷」。注：「殘闕」，此疑後人所輯，非直自著者。

孟子及易經各書章句舉例：

漢趙岐孟子題辭：孟子著書七篇，二百六十一章，三萬四千六百八十五字。乃述己所聞，證以經、傳，爲之「章句」，具載本文；章別其指，分爲上、下，凡十四卷。

孟子卷第一　　孟子卷第三　　孟子卷第十三
梁惠王章句上　　公孫丑章句上　　盡心章句上
孟子卷第二　　孟子卷第四　　孟子卷第十四

梁惠王章句下　公孫丑章句下　盡心章句下

清翟均廉在所著周易章句證異一書中，關於易經章句舉出不少例子。如：

象傳上：

鄭玄合象傳于經，附爻詞後。

王弼自坤以下，大象附彖傳後，小象拆爻詞後，維乾卦仍鄭玄本。

胡旦復出象傳，分大、小象爲二篇。

邵子不分大、小爲一篇。

呂大防分象上、象下爲二篇。

呂祖謙作象上傳三，象下傳四。

吳仁傑以大象爲象傳，次第二以小象爲繫詞傳，分上、下二篇。

王宗傳以小象爲爻贊。

鄭玄無象傳。

繫辭傳：「是以自天祐之，吉無不利也。」

馬融、荀爽、姚信，自「是故易有太極」至「無不利也」爲第十二章。

虞翻，自「是故易有太極」至「無不利也」爲第十章。
周氏、孔穎達自「是故易有太極」至「無不利也」爲第十一章。
朱震、王宗傳，自「天一」至「無不利也」爲第九章。
呂祖謙此節爲第十二章。
吳仁傑以此節爲第十章。
李心傳此節爲第十四章。
分章斷句，各家不同。
易經句讀各家歧異：
坤、元亨利牝馬之貞君子有攸往先迷後得主利西南得朋東北喪朋安貞吉。
程子以利一字句牝馬之貞句云：利牝馬之貞句，則便止三德。
郭忠孝、鄭汝諧、王申子、徐在漢從之。
朱子、黃宗炎云：不可將利字句。
虞翻、王弼、干寶：利牝馬之貞句。
先迷後得主

李鼎祚引盧氏，先迷句，後得主句。

孔穎達引周氏，先迷後得主利句。

朱震引子夏傳，先迷後得主句。

陸希聲、王安石、程子、朱子以先迷後得句，主利句，陸云：主利，主守也。程云：萬物利主于坤，朱云：陰主利。

鄭汝諧、王申子、胡炳文、陳仁錫諸人同張子、蘇軾、朱震後得主句、利句。

邵雍、項安世、楊簡、王宗傳、俞琰、金賁亨。鄭維岳、熊過、樊良樞、劉石閭、陸時位，查愼行，惠棟同言：後則得主乃利也。

梁寅、陸振奇：後得句，主利句。

姚舜臣、程竹山、張振淵同言：居後則得而主於利也。

張浚、吳澄、徐在漢：先迷後得主句，利屬下讀。

謹按：周易折中、周易述義：先迷後得主句、利字屬下兩句讀。

惠棟：自「天一」至「地十」、「子曰夫易」至「無不利也」爲十一章。

中國古籍，亦多用「也」字作爲斷句。朱駿聲說文通訓定聲：兮、也古通。顏氏家訓：「也，是語已及助句之詞，也又與兮通用；邪、兮一聲之轉。」

「也」字可能也是古書斷句的符號。在易經中用「也」字就有一千多字。

㈡費氏易與鄭玄易注

漢書儒林傳：「費直字長翁，東萊人，治易爲郎，至單父令。長於卦筮，亡章句，徒以彖、象、繫辭十篇文言（吳仁傑云：今本「之言」誤「文言」。）解說上、下經。」

又：三國志高貴鄉公髦紀：

『魏之博士曰淳于俊，魏帝高貴鄉公常就問易：「曰：孔子作彖、象，鄭玄作注，聖賢不同，釋經一也。今彖、象不與經文連，而注連之，何也？」俊對曰：鄭玄合彖、象於經，欲學者尋省易了也。』

宋王應麟輯「周易鄭康成注」，題識云：「鄭康成學費氏易，注爲九卷。」費直既以彖、象解說上、下經，又「無章句」，則彖、象不應與「經文」連。既「不與經文連」；則彖、象必各自獨立成篇。鄭玄既合彖、象於經，自非傳承費氏之學。然實際上鄭玄是以「注」就「經」；非「合彖、象於經」；是則淳于俊答非所問。

鄭玄易注久佚，宋代尚存四篇。王堯臣崇文總目：「周易一卷。」釋云：「鄭康成注。今惟文言、說卦、序卦、雜卦合四篇，餘皆逸。指趣淵確，本去聖之未遠。」可見宋代尚存鄭玄注本，各傳仍是獨立。王應麟輯本，可資旁證。疑合彖、象於經者，自王弼始。鄭玄乃移「注」就「經」；而非移「傳」就「經」；其所據本，當由於費氏易。

茲將鄭玄易注大略，舉以證其原書之梗概。

繫辭：

君臣尊卑之貴賤，如山澤之有高卑也。動、靜，雷、風也，類聚群分，謂水、火也。成象，日月星辰也；成形，謂草木鳥獸也。

鄭玄易注摘要：

一、乾卦

九二、見龍在田　注：二於三才爲地道，地上即田，故稱田也。

二、坤卦履霜　注：履讀爲禮。

三、蒙　注：蒙，幼小之貌，齊人謂萌爲蒙也。

四、未濟　注：汔，幾也。

彖

大哉乾元萬物資始

至哉坤元萬物資生

咸感也柔上而剛下

恆久也剛上而柔也

七、序卦

訟　注：訟，猶諍也。言飲食之會，恆多諍也。

八、雜卦

蠱　注：蠱則飾也。

㈢帛書各卦中的悔亡和无咎

檢覈王弼本「六十四卦」，內有「悔亡」者，計：

咸、恆、大壯、晉、家人、睽、夬、革、艮、巽、兌、渙、節、萃、未濟等十五卦：無者共四十九卦。

內有「无咎」者，計：屯、蒙、訟、否、謙、隨、大畜、咸、恆、遯、大壯、明夷、家人、蹇、歸妹、旅、兌、未濟等四十六卦；無者十八卦。

經與帛書「六十四卦」校對，究全無異。則王弼本的「經文」可能與帛書易經同出一源。

費直本已佚，無從校對，其未脫「悔亡」、「无咎」者，究屬全書「六十四卦」，抑係帛書所有：前有十五卦及後者四十九卦？實無法加以確定。

王樹枏「費氏古易訂文」本，亦同於王本。

但我們可以推斷：依帛書六十四卦現狀，脫去「悔亡、无咎」者；「悔亡」爲十五卦；「无咎」爲四十九卦。同時，也可以確認現存帛書，就是易經的原狀；因爲，卦、爻辭都是在分別說明每卦的吉、凶、悔、吝；那絕不可能全書只陳：「休」、「咎」，而不及「吉」、「利」。所以，也可以肯定帛書六十四卦中所列舉的：吉、凶、无咎、元吉、大吉、小吉、元亨、利貞、永貞等都是原來文字。因此，劉向所校費、孟、梁丘經或「脫去悔亡、无咎」者，究竟屬於那一卦，也是無法加以證明的。

從以上詳密的研究分析，足證：鄭玄注本，正是：「彖、象不與經文連，而注連之。」「費氏易無章句，徒以彖、象、繫辭，十篇解說上、下經。」「徒」字當作「無」或作「不」，方合其書的內容和文字結構。此斠讎所得的翻案文章。鄭注雖爲輯本，但皆據古書引用爲之。

周易鄭康成注

浚儀王應麟伯厚甫纂輯

乾

九二見龍在田。二於三才爲地道，地上即田，故稱田也。九二利見九五之大人。　九三君子終日乾乾。三於三才爲人道，有乾德而在人道，君子之象。　九五飛龍在天。五於三才爲天道，天者清明無形，而龍在焉，飛之象也。　上九亢龍有悔。堯之末年，四凶在朝，

魚利豚魚以喻小民也而爲明君賢臣恩意所供養故吉。乗木舟虛也舟謂集板如今自空大木爲之曰虛。

小過

不宜上。上如字謂君也。中孚爲陽貞於十一月子。小過爲陰貞於六月未。法於乾坤

既濟

既已也盡也濟度也。六二茀車蔽也。九三憊劣弱也。九五東鄰殺牛不如西鄰之禴祭。互體爲坎。又互體爲離離爲日坎爲月日出東方東鄰象月出

西方。西鄰象也。注坊記云東鄰謂紂國中也西鄰謂文王國中也既濟離下坎上離爲牛坎爲豕西鄰禴祭則用豕與言殺牛而凶不如殺禴豕受福喻奢而慢不如儉而敬也與易注不同。

夏祭之名。

未濟

汔幾也。

凡卦爻二至四。二至五。兩體交互各成一卦。先儒謂之互體。

繫辭

君臣尊卑之貴賤如山澤之有高卑也。動靜雷風也。類聚群分謂水火也。成象日月星辰也。成形謂

三百五十三 易注 十一 王德明

三、帛書卦爻辭說卦與熹平石經

易經傳世，以魏王弼注本最爲流行；在馬王堆帛書未出土以前，當以漢熹平石經爲最古。後漢書蔡邕傳：

「邕以經籍去聖人久遠，文字多謬，俗儒穿鑿，疑誤後學。熹平四年，乃與五官中郎將堂谿典、光祿大夫楊賜，諫議大夫馬日磾，議郎張馴、韓說、太史令單颺等，奏求正定六經文字，靈帝許之；邕乃自書丹於碑，使工鐫刻，立於太學門外。於是後儒晚學，咸取正焉。」

這可以證明，在石經未刻之前，易經的文字諸多歧異和誤謬，石經是漢代統一的官定本子，猶五代國子監所刻的監本。但並非最原始的古本。

熹平石經散失已久，全文已不可得。現尚存殘石兩種；一爲洛陽出土，爲孫伯恆所景印者；一爲鄭誦先在其所著「各種書體源流淺說」所收錄者。其內容包括：文言、說卦及自家人至歸妹等十八卦爻辭。

孫伯恆景印本，馬衡曾爲題跋、稱：

「石兩面刻，一面爲周易家人迄歸妹十八卦，存二百八十六字；一面爲文言、說卦，存二百有五字；通計四百九十有一。」

又云：

「以今本校讀，每行六十三字。」

按：碑陽爲文言、說卦，碑陰爲家人等十八篇。

劉誦先景本與孫伯恆景本同爲：文言、說卦；唯孫本爲石之上半，劉本爲石之下半；且未明碑陰有無文字及其出處。

茲先從孫本殘石加以研判。

此本爲殘石上半、存乾、坤兩卦文言及說卦。乾、坤兩卦文言連書，單獨成篇；說卦另行，亦單獨成篇。王弼本乾卦文言，附於上九爻辭之後；坤卦文言附於坤卦爻、象辭之後；並非單獨成篇。

由此，證明：三國志高貴鄉公髦所謂：「今彖、象不與經文連。」

碑陰家人至歸妹等十八卦，更足以證實此說。

孫本石經殘字如下：

乾卦文言：

匕

人作而

終日乾

乃革飛龍在

揮旁通情也時

易曰見龍在田利見

夫大人者與天地合其

知得而不知喪其唯聖人

坤卦文言：

不善之家必有餘殃臣試其君

不孤直方大不習无不利則不疑其

言謹也君子黃中通理正位居體美在中

說卦：

剛柔而生爻和順於道德而理於義窮理盡性以至
畫而成卦分陰分陽迭用柔剛故易六畫而成章也天
艮以止之兌以說之乾以君之川以藏之帝出乎震齊乎巽
也者明也萬物皆相見南方之卦也聖人南面而聽天下嚮明
也欲者水也正北方之卦也勞卦也萬物之所歸也故曰勞乎

以上文字足以證明：文言和說卦都是獨立成篇。

至於劉誦先景本石經下半文字：

曰乾元亨利貞初九
何謂也子曰龍德而正中者
忠信所以進德也脩辭立其
上下无常非爲邪也進退无
萬物睹本乎天者親上本乎地

乾行事也或躍在淵自試也：
乃位乎天德亢龍有悔與時
乘六龍以御天也雲行雨施天
人君德也九三重剛而不中
與日月合其明與四時合其
知進退存亡而不失其正者
弑其父非一朝一夕之故
所行也陰雖有美含之而
暢於四支發於事業美

說卦：

命昔者聖人之作易也將
地定位山澤通氣雷風相薄
相見乎離致役乎巛說
治蓋取諸此也

東北之卦也萬

劉本雖然也確定了易經文言傳和說卦都是獨立成篇，但其疑點頗多：

㈠劉本未說明下半石經的出土經過和何時發現？

㈡未說明碑陰有無其他文字？

㈢孫本字跡方正，而劉本較爲纖弱；

㈣斷碑裂縫處的曲線上、下不合。

㈤文中「何謂也子曰」五字同於王弼注本，王本在熹平四年之後，並鄭玄注本之後。孔穎達認定文言爲孔子所作，故持此說。然既引「子曰」，當係後學所爲；如論語爲七十子之徒所記，常稱「子曰」；以明非孔子所自作。「何謂也子曰」可能是講師整理而附入經文之後，因爲要移傳就經，所以必加「何謂也」之問句，以指明下文乃用以解說以上之經文。

因此，我們很懷疑劉本可能是贋品。

此外，上半孫本的碑陰文字：

悔厲吉婦子嘻嘻終吝六四富家大吉九五王假有家勿恤吉上九有

无初有終九四睽孤遇元夫交孚厲無咎六五悔亡厥宗噬膚往何咎
來譽六二王臣蹇蹇匪躬之故九三往蹇來反六四往蹇來連九
負且乘致寇至貞吝九四解而拇朋至斯孚六五君子維有
無咎酌損之九二利貞征凶弗損益之六三三人行則損
益利有攸往利涉大川初九利用爲大作元吉无咎
惠心勿問元吉有孚惠我德上九莫益之或擊之
子夬夬獨行遇雨若濡有慍無咎九四臀无膚
二包有魚无咎不利賓九三臀無膚其行次
不終乃亂乃萃若號一握爲笑勿恤往无
見大人勿恤南征吉初六允升大吉

這段家人等各卦爻辭，極爲重要，今試與帛書相校：

家人石經：六四：富家大吉

帛書：六四：富家大吉

九五：王假有家勿恤

九五：王叚有家得敵

睽

九四：睽孤遇元夫交孚厲無咎

九四：乖苽遇元夫交復厲無咎

六五：悔亡厥宗噬膚往何咎

六五：悔亡登宗筮膚往何咎

蹇

六二：王臣蹇蹇匪躬之故

六二：王僕蹇蹇非口之故

解

九四：解而拇朋至斯孚

九四：解其拇傰至此復

損

九二：利貞征凶弗損益之

九二：利貞正兇弗損益之

益

初九：利用爲大作元吉无咎

初九：利用爲大作元吉无咎

由此，可見帛書的爻辭除錯字及假借之外與石經完全一致。

四、帛書乾坤兩卦卦爻辭與王弼注本

㈠卦爻辭與王弼注本之異同

今本的周易，彖、爻、彖傳、象傳、文言之辭，在六十四卦中是雜然並陳的；只有繫辭、序卦、說卦、雜卦獨立成篇；而尤以乾卦的文字，部份尚保持著原文之舊。這也是治章句的人，于改纂後，保留一些遺迹，以示原書的體例吧。茲舉其文如次：

(卦辭) ☰ 乾元亨利貞。

(爻辭) 初九潛龍勿用。

(爻辭) 九二見龍在田利見大人。

(爻辭) 九三君子終日乾乾夕惕若厲无咎。

(爻辭) 九四或躍在淵无咎。

（爻辭）九五飛龍在天利見大人。

（爻辭）上九亢龍有悔。

（爻辭）用九見群龍无首吉。

（彖傳）彖曰大哉乾元萬物資始乃統天雲行雨施品物流形大明終始六位時成時乘六龍以御天乾道變化各正性命保合大和乃利貞首出庶類萬物咸寧。

（象傳）象曰天行健君子以自強不息。

（象辭）潛龍勿用陽在下也。

（象辭）見龍在田德施普也。

（象辭）或躍在淵進无咎也。

（象辭）飛龍在天大人造也。

（象辭）亢龍有悔盈不可久也。

（象辭）用九天德不可爲首也。

以上諸文，『經』和『傳』的文字截然分開，各從其類；不相混淆。但自坤、屯以下六十三卦，的文字結構，則全改舊觀了。尤其乾卦的「象辭」（小象）不採「象曰」二字，而其餘六十三卦的「象辭」之首俱有「象曰」二字。再舉坤卦之文如次：

（卦辭）䷁坤元亨利牝馬之貞君子有攸往先迷後得主利西南得朋東北喪朋安貞吉。

（彖傳）彖曰至哉坤元萬物資生乃順承天坤厚載物德合无疆含弘光大品物咸亨牝馬地類行地无疆柔順利貞君子攸行先迷失道後順得常西南得朋乃與類行東北喪朋乃終有慶安貞之吉應地無疆。

（象傳）象曰地勢坤君子以厚德載物。

（爻辭）初六履霜堅冰至。

（象辭）象曰履霜堅冰陰始凝也馴致其道至堅冰也。

（爻辭）六二直方大不習無不利。

（象辭）象曰六二之動直以方也不習无不利地道光也。

（爻辭）六三含章可貞或從王事无成有終。

（象辭）象曰含章可貞以時發也或從王事知光大也。

（爻辭）六四括囊无咎无譽。

（象辭）象曰括囊无咎愼不害也。

（爻辭）六五黃裳元吉。

（象辭）象曰黃裳元吉文在中也。

（爻辭）上六龍戰于野其血玄黃。

（象辭）象曰龍戰于野其道窮也。

（爻辭）用六利永貞。

（象辭）象曰用六永貞以大終也。

帛書只有卦、爻辭、無彖辭及象辭。

(二)帛書乾卦卦爻辭與其他六十三卦之差別

乾卦

䷀

卦辭　乾　元享利貞

爻辭　初九　潛龍勿用

爻辭　九二　見龍在田

爻辭 九三　君子終日乾乾

爻辭 九四　或躍在淵

爻辭 九五　飛龍在天

爻辭 上九　亢龍有悔

王弼本有彖辭、大象辭和文言。作：

彖辭 彖曰大哉乾元萬物資始

大象 象曰天行健君子以自強不息

文言 文言曰元者善之長也

䷁　坤

卦辭 坤元亨利牝馬之貞

彖辭 至哉坤元萬物資生

大象 象曰地勢坤君子以厚德載物

爻辭 初六履霜堅冰至

小象 象曰履霜堅冰陰始凝也

爻辭 六二直方大不習无不利

小象 象曰六二之動直以方也

爻辭 六三含章可貞

小象 象曰含章可貞以時發也

爻辭 六四括囊无咎无譽

小象 括囊无咎愼不害也

爻辭 六五黃裳元吉

小象 象曰黃裳元吉文在中也

爻辭 上六龍戰于野

小象 象曰龍戰于野其血玄黃

文言 文言曰坤至柔而動也剛至靜而德方

帛書只有卦、爻辭，無彖辭、大象、小象和文言。

䷃ 蒙

卦辭 蒙亨匪我求童蒙童蒙求我初筮告再三瀆瀆則不告利貞

彖辭 彖曰山下有險險而止蒙

大象 象曰山下出泉蒙

爻辭　初六　發蒙利用刑人

小象　象曰　利用刑人以正法也

帛書無彖辭和大、小象辭。兩「告」字皆作「吉」是。

䷿　未濟　卦辭　未濟亨小狐汔濟濡其尾无攸利

彖辭　彖曰未濟亨柔得中也

大象　象曰火在水上未濟

爻辭　初六濡其尾

小象　象曰濡其尾亦不知極也

帛書只有卦、爻辭，無彖辭和大、小象辭。

(三)坤卦的卦爻辭

䷁　坤元亨利牝馬之貞君子有攸往先迷後得主利西南得朋東北喪朋安貞吉。

初六　履霜堅冰至

六二　直方大不習无不利

六三　含章可貞或從王事无口有終

六四　口口口口口

六五　黃裳元吉

上六　龍戰于野其血玄黃用六利永貞

我們如果把王弼本的彖、象辭刪去，則全部卦、爻辭將和帛書本完全一樣。可見分割彖、象辭附入於「經」，乃是後人所爲。

自坤卦以下至未濟共六十三卦，在爻辭上並加「象曰」兩字，也是如此，因爲帛書並無此文。

五、帛書與別本卦爻辭

(一)帛書乾卦的卦爻辭

☰☰ 乾　元亨利貞

初九　潛龍勿用

九二　見龍在田利見大人

九三　君子終日乾乾夕惕若厲无咎。

九四　或躍在淵无咎

九五　飛龍在天利見大人

上九　亢龍有悔用九見群龍无首吉

(二)別本卦爻辭

(1)第一種

初九　潛龍勿用。

九二　見龍在田，利見大人。

九三　君子終日乾乾，夕愓若厲，无咎。

九四　或躍在淵，无咎。

九五　飛龍在天，利見大人。

上九　亢龍有悔。用九，見群龍无首吉。

(2)第二種

象曰：天行健，君子以自強不息。

初九　潛龍勿用，陽在下也。

九二　見龍在田，德施普也。

九三　終日乾乾，反復道也。

九四　或躍在淵，進无咎也。

九五　飛龍在天，大人造也。

上九 亢龍有悔，盈不可久也。用九，天德不可以爲首也。

帛書無此文，並多大象：「天行健君子以自強不息」十字。

(3)第三種

初九 潛龍勿用，下也。

九二 見龍在田，時舍也。

九三 終日乾乾，行事也。

九四 或躍在淵，自試也。

九五 飛龍在天，上治也。

上九 亢龍有悔，窮之災也；乾元用九，天下治也。

帛書無此文。

(4)第四種

初九 潛龍勿用，陽氣潛藏，

九二 見龍在田，天下文明，

九三 終日乾乾，與時偕行，

九四 或躍在淵，乾道乃革，
九五 飛龍在天，乃位乎天德，
上九 亢龍有悔，與時偕極，乾元用九，乃見天則。

帛書無此文。

如果把三、四兩種綴合起來，可能出現另一種爻辭，其文如後：

卦辭　爻　辭

初九 潛龍勿用，陽氣潛藏；下也。
九二 見龍在田，天下文明；時舍也。
九三 終日乾乾，與時偕行；行事也。
九四 或躍在淵，乾道乃革；自試也。
九五 飛龍在天，乃位乎天德；上治也。
上九 亢龍有悔，與時偕極；窮之災也，乾元用九，天下治也。

按：在爻辭上加初九、九二、九三、九四、九五、上九諸文，是對原有脫文加以補正的。

六、帛書易經與竹書

說文：「帛，繒也；从巾，白聲。」又「繒，帛也。」轉注，互訓。朱駿聲說文通訓定聲曰：「生帛曰素。禮記雜記：純以素。」鄭玄注：「素，生帛也。」故「帛書」即是「素書」。所以晉葛玄老子河上公章句序云：河上公：「素書」（亦可說是「白文本」）老子道德經章句二卷。」是此章句也是帛書本。又：漢史游急就篇：唐顏師古注：「素謂絹之精白者，即所以書寫之素也。」

墨子魯問篇：「書於竹帛。」許愼說文叙：「箸於竹帛謂之書。」故「帛書」之外，尙有「竹書」。王應麟玉海四十三引文選注：「風俗通，劉向點校書籍，皆先書竹，爲易刊定，可繕者以上素也。今東觀書竹、素。」是則，書於竹簡者，謂之「竹書」；如：竹書紀年，逸周書，穆天子傳；書於素絹者，謂之「帛書」；即此「帛書易經」是也。

在漢代有用「木簡」書者，如：一九五九年在甘肅武威出土的木簡儀禮九篇。依墨子，則中國古代箸書，早已竹、帛並用。「竹書」即書於「竹簡」者。爾雅釋器：「簡，謂之畢。」廣雅釋器：「冊謂之簡。」劉熙釋名、釋書契：「簡書，編也。」段玉裁曰：鄭玄引鉤命訣：「易、詩、書、禮、樂、春秋，策皆長二尺四寸。孝經謙，半之，一尺二寸。論語八寸。尺二寸者，三分居二，又謙焉。」又鄭玄注尙書云：「三十字一簡之文。」服（虔）注左傳云：「古文篆書，一簡八字。」漢志：「劉向以中古文校今文尙書，古文簡有二十五字者，有二十二字者。」是簡之長短有不同，字數也有不同。竹書以簡計，帛書以行計；字數有不一。此之所謂：「書之竹帛，謂之書也。」現在帛書易經每行八十餘字，是否竹簡也是如此；則不可得而知。

又：竹、帛之書，又異於金石之銘，爾雅釋器：「金，謂之鏤；木，謂之刻。墨子魯問篇：「鏤之於金石，以爲銘，爲鐘鼎，傳遺後世子孫。」呂氏春秋愼行篇：「故功績銘於金石，著於盤盂。」吾人亦可謂：銘於金石謂之銘。即現有之「鐘鼎款識」是也。古代文字之著錄，應先有甲骨，金、石，而後乃有竹、帛也。

又：說文叙：

「箸之竹帛謂之書。」

段玉裁注：

「古用竹木，不用帛；用帛蓋起於秦。秦時官獄職務繁，初以隸書以趨約易。」

尚書孔安國序：

「科斗書廢已久，時人無能知者，以所聞伏生之書，考論文義；定其可知者，爲隸古定；更以竹簡書之。」

孔穎達正義：

『定其可知者，就古文內，定可知識者爲「隸古定」。不言就伏生之書，而云「以其所聞者」，明用伏生書外亦考之，故云可知者，謂並伏生書外有可知者，不徒伏生書內而已。言「隸古」者，正謂就古文體而從隸定之；存古爲可慕，以隸爲可識；故曰「隸古」，所以雖隸而猶古，由此故謂孔君所傳爲「古文」也。「古文」者，蒼頡舊體，周世所用之文字。』

「隸古」既然是用「今文」傳寫以代替「古文」，則其字「形」、字體雖已改變，其字「義」還是和「原本」一樣。如現在的帛書易經的「釋文」係用「正楷」來替代隸書；假使改用「行書」或「草書」來傳鈔，其字義和內容仍舊沒有改變。現在大陸用「簡字體」來代替繁體文字，便是最有力的例證。

吳澄校定古文尚書二十五篇序曰：

『書二十五篇，晉梅賾所奏上者，所謂「古文」書也。有「今文」、「古文」之異，何哉？鼂錯所受伏生書，以隸寫之；隸者，當世通行之字也。故曰：「今文」。魯共王壞孔子宅，得壁中所藏，皆科斗書；科斗者，蒼頡所制之字也；故曰：「古文」。』

馬端臨文獻通考：

『漢書儒林傳言：孔氏有古文尚書，孔安國以今文讀之。唐書藝文志有今文尚書十三卷，詁言：玄宗詔集賢學士衛包改古文從今文。」然則漢之所謂古文者，科斗書；今文者，隸書也。唐之所謂古文者，隸書；今文者，世所通用之俗字也。隸書秦、漢間通行，至唐則久爲俗書矣。』

古代典藉的發現，以孔壁所藏「古文」書爲最早；次爲汲冢竹書。

晉書束晳傳：

『初，太康二年，汲郡人不準盜發親襄王墓，或言安釐王冢，得竹書數十車。其紀年十三篇，記夏以來至周幽王爲犬戎所滅，以事接之，三家分，仍述魏事至安釐王之二十年。蓋魏國之史書，大略與春秋皆多相應。其中經、傳大異。則云夏年多殷，益干啓位，啓殺之；太甲殺伊尹，文丁殺季歷，自周受命，至穆王百年，非穆王壽百歲也，幽王既亡，有共伯和者攝行天子事，非二相共和也。

其易經二篇，與周易上、下經同。易繇陰陽卦二篇，與周易略同，繇辭則異。卦下易經一篇，似說卦而異。

公孫段二篇，公孫段與邵陟論易。

國語三篇，言楚、晉事、各三篇，似禮記，又似爾雅、論語。師春一篇，書左傳諸卜筮，「師春」似是造書者姓名也。瑣語十一篇，諸國卜夢妖怪相書也，梁丘藏一篇，先敘魏之世數，次言丘藏金玉事。繳書二篇，論弋射法。生封一篇，帝王所封。大曆二篇，鄒子談天類也。

穆天子傳五篇，言周穆王游行四海，見帝臺，西王母；圖詩一篇，書贊之屬也。又雜書十九篇，周食田法，周書，論楚事，周穆王美人盛妃死事。

大凡七十五篇，七篇簡書折壞。不識名題。』

（注：「幽王」當作「厲王」。）

汲冢竹書關於易經部分，有「易經二篇，與周易上、下經同。易繇陰陽卦二篇，與周易略同，繇辭則異。卦下易經一篇，似說卦而異。」可見周代的易經已分上、下二篇，即王弼本亦分上、下二經。歸結的說，帛書易經的特點：

第一，卦序與通行本及各本不同；

第二，帛書沒有發見彖、象、文言、說卦、序卦各篇；

第三，帛書繫辭傳與石經、王本、通行本稍異；

第四，帛書的易經不與彖、象、繁辭相連；石經同樣是彖、象、文言、序卦不與經文相連；皆獨立成篇。且乾、坤兩卦文言在說卦之前。

第五，帛書的爻辭上都冠以初、上、九、六文字，與石經、鄭注本並同。

漢代書籍有：簡本，包括竹簡和木簡；帛書，紙書及石本（碑本），近年出土的計有：

一、漢武帝元光元年（前一三四年）隨葬漢墓的有山東臨沂銀雀山出土的孫子兵法和孫臏兵法等書；

二、漢宣帝以後，西漢晚期（前二十五年至後九年）甘肅武威出土的儀禮竹、木簡兩種；

三、馬王堆漢墓出土的乃是帛書。

帛書雖然不會有錯簡，畢竟還是由竹簡傳鈔而來；如果原來竹簡散亂，韋編斷絕，發生錯簡，是很平常的事。帛書易經從卦序之有規律配置，自不會有錯簡，但鈔時可能由執筆者的疏忽，亦有可能。如帛書老子就有錯簡。小篆本、隸書本；依現行本覈校：

㈠第四十一章在第四十章之前；

㈡第八十、八十一兩章，在第六十七章之前；

㈢第二十四章，在第二十二章之前。

最重要者，卻是「德經」在「道經」之前。高亨認爲是法家傳本，近於武斷。

總之，古代著書，必先有「竹書」，後有「帛書」；帛書易經當然也是從「竹書」傳鈔而來。一旦簡編斷絕，先後失次，就會出現「錯簡」，司馬遷所謂：「韋編三絕。」可是帛書易經的卦序雖與現存本不同；但其重卦和排列，卻依循「八卦相錯」的原則。其「卦序」自有不同；非今本「序卦」所能規範。

因此，要推斷帛書易經本子的來源，可由漢人「隸古」的成例加以推論。所謂隸古定者，是用秦時小篆或秦隸來傳鈔先秦由古文所寫的易經原本；小篆、隸書在秦時爲「今文」。

例如：現在帛書易經的釋文，是用正楷來傳鈔的；假使只是變更「字體」而不改變「字義」，同時也可以用簡字體，行書及至草書來傳寫，對於全書的內容並無影響。如銀雀山孫子兵法的釋文，就是用簡字體來鈔寫的；縱使採用國音字母乃至用英、德、法、俄的字母拼音也是可以的。此莊子所謂「得意忘言」。

從各本比較研究，可以肯定帛書易經應該是從先秦的古本而來；其「祖本」應是最早的本子。

七、說卦傳的錯簡與補正

㈠說卦非孔子所作及錯簡

史記孔子世家：

「孔子晚而喜易，序：彖、繫、象、說卦、文言。」

司馬遷明言：說卦爲孔子所作。

孔穎達正義曰：

說卦者，「陳說八卦之德業，變化及法象之所爲也。」

隋書經籍志序：

「秦焚書，周易以卜筮得存，惟失說卦三篇；後河內女子得之。」

說卦：

「昔者聖人之作易也，幽贊於神明而生蓍，參天兩地而倚數，觀變於陰陽而立卦，發揮於剛柔而生爻，和順於道德而理於義，窮理盡性以至於命。

昔者聖人之作易也，將以順性命之理，是以立天之道，曰陰與陽，立地之道，曰柔與剛，立人之道，曰仁與義；兼三才而兩之，故易六畫而成卦；分陰、分陽、迭用柔剛，故易六位而成章。」

上述文字疑系繫辭傳的錯簡。如孔穎達所說：「說卦者，陳說八卦之德業。」換言之，即限於解說「八純卦」。

按：說卦的文字，疑其全部均係用以解說原始八大象所代表的性質；即：乾、坤、坎、離、震、兌、艮、巽的象，及其所表現的意義或卦德。上文輒云：「昔者聖人之作易也」，「兼三才而兩之」，「故易六畫而成卦」，「故易六位而成章」；若非重卦成爲「六爻」之後，則不足以言「作易」。所以繫辭傳云：「六爻之動，三極之道也。」「六爻之義易以貢」。「因而重之，爻在其中矣。」「易之爲書也，廣大悉備，有天道焉，有人道焉，有地道焉，兼三才而兩之，故六；六者，非它，三材之道也。」

疑以上所云，皆非說卦應有的文字。觀下文，則無一句涉及八純卦以外的卦名；即末涉到其他重卦的「六十四卦」的卦名，便可證明。

繫辭傳云：

聖人設卦觀象，繫辭焉，而明吉凶；剛柔相推，而生變化，是故吉凶者，失得之象也，悔吝者，憂虞之象也，變化者，進退之象也，剛柔者，晝夜之象也；六爻之動，三極之道也。

此言聖人作易，不離「六爻」，乃「三極之道」。與說卦所云，「聖人作易」之意吻合。疑係繫辭傳的錯簡；已移入繫辭傳。

二、說卦本文

昔者聖人之作易也，幽贊於神明而生蓍，參天兩地而倚數，觀變於陰陽而立卦，發揮於剛柔而生爻，和順於道德而理於義，窮理盡性以至於命。

昔者聖人之作易也，將以順性命之理。是以立天之道，曰陰與陽；立地之道，曰柔與剛；立人之道，曰仁與義。兼三才而兩之，故易六畫而成卦；分陰分陽，迭用柔剛，故易六位而成章。天地定位，山澤通氣，雷風相薄，水火不相射。八卦相錯，數往者順，知來者逆；是故易，逆數也。

雷以動之，風以散之，雨以潤之，日以烜之，艮以止之，兌以說之，乾以君之，坤以藏之，帝出乎震，齊乎巽，相見乎離，致役乎坤，說言乎兌，戰乎乾，勞乎坎，成言乎艮。

萬物出乎震。震，東方也。齊乎巽，巽東南也。齊也者，言萬物之絜齊也。離也者，明也。萬物皆相見，南方之卦也。聖人南面而聽天下，嚮明而治，蓋取諸此也。坤也者，地也；萬物皆致養焉；故曰致役乎坤。兌，正秋也；萬物之所說也，故曰說言乎兌，戰乎乾。乾，西北之卦也。言陰陽相薄也。坎者，水也；正北方之卦也；勞卦也，萬物之所歸也，故曰勞乎坎。艮，東北之卦也。萬物之所成終而所成始也；故曰成言乎艮。神也者，妙萬物而爲言者也。

動萬物者莫疾乎雷，橈萬物者莫疾乎風，熯萬物者莫熯乎火，說萬物者莫說乎澤，潤萬物者莫潤乎水，終萬物始萬物者莫盛乎艮。故水火相逮，雷風不相悖；山澤通氣，然後能變化旣成萬物也。

乾，健也。坤，順也。震，動也。巽，入也。坎，陷也。離，麗也。艮，止也。兌，說也。

乾爲馬，坤爲牛，震爲龍，巽爲雞，坎爲豕，離爲雉，艮爲狗，兌爲羊。

乾爲首，坤爲腹，震爲足，巽爲股，坎爲耳，離爲目，艮爲手，兌爲口。

乾，天也；故稱乎父。坤，地也；故稱乎母。震，一索而得男；故謂之長男。巽，一索而得女；故謂之長女。坎，再索而得男；故謂之中男。離，再索而得女；故謂之中女。艮，三索而得男；故謂之少男。兌，三索而得女；故謂之少女。

乾爲天、爲圜、爲君、爲父、爲玉、爲金、爲寒、爲冰、爲大赤、爲良馬、爲老馬、爲瘠馬、爲駁馬、爲木果。

坤爲地、爲母、爲布、爲釜、爲吝嗇、爲均、爲子母牛、爲大輿、爲文、爲衆、爲柄；其於地也，爲黑。

震爲雷、爲龍、爲玄黃、爲敷、爲大塗、爲長子、爲決躁、爲蒼筤竹、爲萑葦；其於馬也，爲善鳴、爲馵足、爲作足、爲的顙；其於稼也爲反生，其究爲健、爲蕃鮮。

巽爲木、爲風、爲長女、爲繩直、爲工、爲白、爲長、爲高、爲進退、爲不果、爲臭；其於人也，爲寡髮、爲廣顙、爲多白眼、爲近利市三倍，其究爲躁卦。

坎爲水、爲溝瀆、爲隱伏、爲矯輮、爲弓輪。其於人也，爲加憂、爲心病、爲耳痛、爲血卦、爲赤；其於馬也，爲美脊、爲亟心、爲下首、爲薄蹄、爲曳；其於輿也，爲多眚、爲通、爲月、爲盜；其於木也，爲堅多心。

離爲火、爲日、爲電、爲中女、爲甲冑、爲戈兵；其於人也，爲大腹、爲乾卦、爲鼈蟹、爲蠃、爲蚌、爲龜；其於本也，爲科上槁。

艮爲山、爲徑路、爲小石、爲門闕、爲果蓏、爲閽寺、爲指、爲狗、爲鼠、爲黔喙之屬；其於木也，爲堅多節。

兌爲澤、爲少女、爲巫、爲口舌、爲毀折、爲附決；其於地也，爲剛鹵、爲妾、爲羊。

㈢說卦中傳注的羼混與改正

天地定位，山澤通氣，雷風相薄，水火不相射。

此下原有：「數往者順，知來者逆，是故易逆數也」十四字，與上、下文俱不相應，疑係繫辭傳錯簡，已移入繫辭傳「神以知來，智以藏往」句下。

雷以動之，風以散之，雨以潤之，日以烜之，艮以止之，兌以說之，乾以君之，坤以藏之。

以上諸句，當如墨經從「旁行」讀；作：

雷以動之
風以散之
雨以潤之
日以烜之
艮以止之
兌以說之
乾以君之
坤以藏之

帝出乎震，齊乎巽，相見乎離，致役乎坤，說言乎兌，戰乎乾，勞乎坎，成言乎艮；

亦當從「旁行」讀，作：

帝出乎震

齊乎巽
相見乎離
致役乎坤
說言乎兌
戰乎乾
勞乎坎
成言乎艮
萬物出乎震，東方也；齊乎巽，巽東南也，齊也者，言萬物之絜齊也。離也者，明也；萬物皆相見，南方之卦也，聖人南面而聽，天下嚮明而治，蓋取自此也。坤也者，地也；萬物皆致養焉，故曰：致役乎坤。兌，正秋也；萬物之所說也，故曰：說言乎兌。戰乎乾，乾西北之卦也；言陰陽相薄也。坎者，水也；正北方之卦也，萬物之所歸也；故曰：勞乎坎。艮，東北之卦也，萬物之所成，終而成始也。故曰：成言乎艮。

此下原有：「神也者妙萬物而為言也」十一字、與上、下文毫不相涉，疑係繫辭傳錯簡，已移至「鼓之舞之以盡神」句下。

此文亦應「旁行」讀。其中言「故曰」，稱「言」；皆係注家之語，實乃注文混入正文。其讀法如次：

萬物出乎震，震東方口口也。

齊乎巽，巽，東南口口也；齊也者，言萬物之絜齊也。

離也者，明也；萬物皆相見，南方之卦也。聖人南面而聽，天下嚮明而治，蓋取此也。

坤也者，地也；萬物皆致養焉，故曰：致役乎坤。

兌，正秋也；萬物之所說也，故曰：說言乎兌。

戰乎乾，乾，西北之卦也；言陰陽相薄也。

坎者，水也；正北方之卦也。

勞卦也，萬物之所歸也；故曰：勞乎坎。

艮，東北之卦也，萬物之成終而所成始也；故曰：成乎艮。

動萬物者，莫疾乎雷；橈萬物者，莫疾乎風；燥萬物者，莫熯乎火；說萬物者，莫說乎澤；潤萬物者，莫潤乎水；終萬物者，莫盛乎艮；故水火相逮，雷風不相悖，山澤通氣；然後能變化，既成萬物也。

此段正是解說「八卦」之文，「說卦」之義，於此盡之矣。

茲依傍行，整理全文如後：

雷以動之，帝出乎震，動萬物者，莫疾乎雷。

注：萬物出乎震，震，東方之卦也。

風以散之，齊乎巽，橈萬物者，莫疾乎風。

注：齊乎巽，巽，東南之卦也。齊也者，萬物之絜齊也，故曰：齊乎巽。

雨以潤之，勞乎坎，潤萬物者，莫潤乎水。

注：坎者，水也；正北方之卦也。勞卦也，萬物之所歸也，故曰：勞乎坎。

日以烜之，相見乎離，燥萬物者，莫熯乎火。

注：離也者，明也；萬物皆相見，南方之卦也。聖人南面而聽，天下嚮明；蓋取自此也。

艮以止之，成言乎艮，終萬物者，莫盛乎艮。

艮，東北之卦也，萬物所成終而所成始也，故曰：言成乎艮。

兌以說之，說言乎兌，說萬物者，莫說乎澤。

注：兌，正秋也，萬物之所說也，故曰：說言乎兌。

乾以君之，戰乎乾，君萬物者，莫口乎乾。

注：戰乎乾，西北之卦也，言陰陽相薄也。

坤以藏之，致役乎坤，藏萬物者，莫口乎坤。

注：坤也者，地也，萬物皆致養焉，故曰：致役乎坤。

按：「水火不相射」，下文作：「故水火相逮，雷、風不相悖」，「山澤通氣。」陸德明音義云：『「水火不相連」，鄭（玄）、宋（衷）、陸（績）、王肅、王廙，無「不」字。』吳澄謂：『無「不」字者，非。』毛奇齡云：『有「不」字者誤。』

又：「震東方也」，依例「東方」下當有「之卦」兩字，文作「震東方之卦也」。「齊乎巽」三字文複，疑當移下文；並依例增「故曰」兩字，文作：「故曰齊乎巽」。

又：「巽東南也」，「東南」下當有「之卦」二字，文作：「巽東南之卦也」。

「勞卦也萬物之所歸也」，「萬物之所歸」，與「勞卦」義不相干；疑係坤卦的注文。歸藏易以坤卦爲首，萬物莫不歸藏於地。說卦亦云：「坤以藏之」。此文應接「坤也者地也」之下，文作：「坤也者地也，萬物之所歸也，萬物皆致養焉，故曰致役乎坤。」此爲錯簡。

再：乾、坤兩卦說卦文闕。依文例當補入：「君萬物者，莫口乎乾」和「藏萬物者，莫口乎坤。」兩條。「莫口乎乾」應作「莫健乎乾」；「莫□乎坤」，應作「莫順乎坤」。說卦：「乾，健也；坤，順也。」當據以補正。

㈣說卦的文例：

(1)釋親類——明父子之道

乾，天也；故稱乎父。

坤，地也；故稱乎母。

震，一索而得男，故謂之長男。

巽，一索而得女，故謂之長女。

坎，再索而得男，故謂之中男。
離，再索而得女，故謂之中女。
艮，三索而得男，故謂之少男。
兌，三索而得女，故謂之少女。

(2)**象徵類——表事象**

表動作　象禽獸　象四支五官

乾，健也。　爲馬。　爲首。
坤，順也。　爲牛。　爲腹。
震，動也。　爲龍。　爲足。
巽，入也。　爲雞。　爲股。
坎，陷也。　爲豕。　爲耳。
離，麗也。　爲雉。　爲目。
艮，止也。　爲狗。　爲手。
兌，說也。　爲羊。　爲口。

(3)盡意類——得意忘言

乾為天，為圜，為君，為父，為玉，為金，為寒，為冰，為大赤，為良馬，為老馬，為瘠馬，為駁馬，為木果。

坤為地，為母，為布，為釜，為吝嗇，為均，為子母牛，為大輿，為文，為衆，為柄；其於地也為黑。

震為雷，為龍，為玄黃，為旉，為大塗，為長子，為決躁，為蒼筤竹，為萑葦；其於馬也為善鳴，為馵足，為作足，為的顙；其於稼也為反生，其究為健，為蕃鮮。

巽為木，為風，為長女，為繩直，為工，為白，為長，為高，為進退，為不果，為臭；其於人也為寡髮，為廣顙，為多白眼，為近利市三倍，其究為躁卦。

坎為水，為溝瀆，為隱伏，為矯輮，為弓輪；其於人也為加憂，為心病，為耳痛，為血卦，為赤；其於馬也為美脊，為亟心，為下首，為薄蹄，為曳；其於輿也為多眚，為通為月，為盜；其於木也，為堅多心。

離為火，為日，為電，為中女，為甲冑，為戈兵；其於人也為大腹，為乾卦，為鼈，爲蟹，爲蠃，爲蚌，爲龜；其於木也爲科上槁。

艮　爲山，爲徑路，爲小石，爲門闕，爲果蓏，爲閽寺，爲指，爲狗，爲鼠，爲黔喙之屬；其於木也，爲堅多節。

兌　爲澤，爲少女，爲巫，爲口舌，爲毀折，爲附決；其於地也，爲剛鹵，爲妾，爲羊。

按：此段文字，最爲凌亂，不類完整典籍。非如爾雅之釋詁，釋言、釋訓、釋親；更無條理作卦象、卦德之解說。如：乾之爲天，爲君，爲父，爲馬；坤之爲地，爲母，震之爲雷，爲長子；巽之爲風，爲長女；坎之爲水，爲耳；離之爲火，爲中女；艮之爲山，爲狗；兌之爲澤，爲少女，爲口舌，爲羊；固與前文相合；然以震爲龍，爲玄黃，則違於乾、坤兩卦之取象。乾卦文言明言：「時乘六龍以御天也。」坤卦文言明言：「天玄而地黃」。孔穎達正義云：「此一節廣明震象爲玄黃，取其相雜而成蒼色也。」說亦迂曲。離卦稱：其於人也爲大腹。與上言「坤爲腹」之意不合。且稱之爲「乾卦」。孔穎達正義云：「其於人也爲大腹」，取其懷陰氣也，爲乾卦，取其口所烜也。」極蓋曲解之能事。

本節文字，言：「其於地也」二，「其於稼也」，「其於輿也」各一；「其於人也」三，「其於馬也」二，「其於木也」三；爲特出之文體。疑此文字，爲編纂者，堆砌殘篇斷簡並加解釋而成。

但是進一步瞭解，此節文字實即表示「得意忘言」的主旨。不問以任何方式來表達各種事物，皆不脫乾、坤等「八純卦」所統攝之一切，如「健」、「順」等之本意，正如莊子外物篇所說：「筌者所以在魚，得魚而忘筌；蹄者所以在兔，得兔而忘蹄；言者所在在意，得意而忘言。」故王弼周易略例云：「然則，言者象之蹄也，象者意之筌也：是故存言者非得象也，存象者非得意也。」又云：「義苟在健，何必馬乎？類苟在順，何必牛乎？爻苟合順，何必坤乃爲牛？義苟應健，何必乾乃爲馬？」此言得之。

八、別本說卦證異——似說卦而異

繫辭傳：

履德之基也謙德之柄也復德之本也恆德之固也損德之脩也益德之裕也困德之辯也井德之地也巽德之制也

履和而至謙尊而光復小而辨於物恆雜而不厭損先難而後易益長裕而不設困窮而通井居其所而遷巽稱而隱

履以和行謙以制禮復以自知恆以一德損以遠害益以興利困以寡怨井以辯義巽以行權

此節文字結構特殊，疑非繫辭傳本文，如晉書束晳傳所言：「似說卦而異」者。

可以改成下列兩種格式：

(一)

第一段　　第二段　　第三段

履德之基也　履和而至　履以和行
謙德之柄也　謙尊而光　謙以制禮
復德之本也　復小而辨於物　復以自知
恆德之固也　恆雜而不厭　恆以一德
損德之脩也　損先難而後易　損以遠害
益德之豫也　益長裕而不設　益以興利
困德之辯也　困窮而通　困以寡怨
井德之地也　井居其所而遷　井以辯義
巽德之制也　巽稱而隱　巽以行權

㈡

第一段　第二段　第三段
履德之基也　履以和行　履和而至。
謙德之柄也　謙以制禮　謙尊而光。
復德之本也　復以自知　復小而辨於物。

恆德之固也　恆以一德　恆雜而不厭。
損德之脩也　損以遠害　損先難而後易。
益德之豫也　益以興利　益長裕而不設。
困德之辯也　困以寡怨　困窮而通。
井德之地也　井以辯義　井居其所而遷。
巽德之制也　巽以行權　巽稱而隱。

九、序卦本文

（據清嘉慶南昌府十三經注疏本）

有天地然後萬物生焉盈天地之間者唯萬物故受之以屯屯者盈也屯者物之始生也物生必蒙故受之以蒙蒙者蒙也物之穉也物穉不可不養也故受之以需需者飲食之道也飲食必有訟故受之以訟訟必有衆起故受之以師師者衆也衆必有所比故受之以比比者比也比必有所畜故受之以小畜物畜然後有禮故受之以履履而泰然後安故受之以泰泰者通也物不可以終通故受之以否物不可以終否故受之以同人與人同者物必歸焉故受之以大有有大者不可以盈故受之以謙有大而能謙必豫故受之以豫豫必有隨故受之以隨以喜隨人者必有事故受之以蠱蠱者事也有事而後可大故受之以臨臨者大也物大然後可觀故受之以觀可觀而後有所合故受之以噬嗑嗑者合也物不可以苟合而已故受之以賁賁者飾也致飾然後亨則盡矣故受之以剝剝者剝也物不可以終盡剝窮上反下故受之以復復則不妄矣故受之以妄有無妄然後可畜故受之以大畜物畜然後可養故受之以頤頤者養也不養則不可動故受之以大過物不可以終過故受之以坎者陷也陷必有所麗故受之以離離者麗也有天

地然後有萬物有萬物然後有男女有男女然後有夫婦有夫婦然後有父子有父子然後君臣有君臣然後有上下有上下然後禮義有所錯夫婦之道不可以不久也故受之以恆恆者久也物不可以久居其所故受之以遯遯者退也物不可以終遯故受之以大壯物不可以終壯故受之以晉晉者進也進必有所傷故受之以明夷夷者傷也傷於外者必反於家故受之以家人家道窮必乖故受之以睽睽者乖也乖必有難故受之以蹇蹇者難也物不可以終難故受之以解解者緩也緩必有所失故受之以損損而不已必益故受之以益益而不已必決故受之以夬夬者決也決必有遇故受之以姤姤者遇也物相遇而後聚故受之以萃萃者聚也聚而上者謂之升故受之以升升而不已必困故受之以困困乎上者必反下故受之以井井道不可不革故受之以革革物莫若鼎故受之以鼎主器者莫若長子故受之以震震者動也物不可以終動止之故受之以艮艮者止也物不可以終止故受之以漸漸者進也進必有所歸故受之以歸妹得其所歸者必大故受之以豐豐者大也窮大者必失其居故受之以旅旅而無所容故受之以巽巽者入也入而後說之故受之以兌兌者說也說而後散之故受之以渙渙者離也物不可以終離故受之以節節而信之故受之以中孚有其信者必行之故受之以小過有過物者必濟故受之以既濟物不可窮也故受之以未濟終焉

一〇、序卦非孔子所作及其成書年代

朱彝經義考引李清臣曰：『易卦之序，二二相從，今序卦之名，蓋不協矣。有義之苟合者，有義之不合而強適者，是豈聖人之言邪？』並引程迥說：『序卦非聖人書，唐僧一行易纂引孟喜序卦曰：「陰陽養萬物，必訟而成之；君臣養萬民，亦訟而成之。」然則今之序卦亦出經師可知也。』

崔述曰：『易傳必非孔子所作。』(洙泗考信錄)

康有爲曰：『歆既僞序卦、雜卦二易，爲西漢人所未見。』(新學僞經考) 康氏明言「序卦」爲劉歆所僞作，「爲西漢人所未見。」其說亦屬武斷。

李鏡池易傳探源說：

『序卦一篇，早就爲人所駁斥了。韓康伯爲序卦作注，評道：「凡序卦所明，非易之緼也。蓋因卦之次，託象以明義。……斯蓋守文而不求義，失之遠矣」。』

孔穎達等雖不敢擺脫「孔子就上下二經各序其相次之義，故謂之序卦」之說，但他是贊成韓氏的，他說：

『今驗六十四卦，二二相偶，非覆即變。覆者，表裡視之，遂成兩卦；屯、蒙、需、訟、師、比之類是也。變者反覆唯成一卦，則變以對之；乾、坤、坎、離、大過、頤、中孚、小過之類是也。且聖人本定先後，若元用孔子序卦之意，則不應非覆即變。然則康伯所云因卦之次，託象以明義，蓋不虛矣。』（序卦正義）

反對序卦之說，是不啻不承認孔子作序卦了。否則說孔聖人誤會或改變古聖人作易之旨，豈不是更爲罪過嗎？

他又說：

『我們明白了卦名之有變更，就可以知道卦名本無大意義；知道了卦名本無大意義，就可以見到以卦名之義來說明卦之次序的序卦傳，是由於後人附會出來了。

我們更就他所說的加以比較，便見他附會的伎倆。

> 比必有所畜，故受之以小畜。物畜而後有禮，故受之以履。
>
> 有无妄然後可畜，故受之以大畜。物畜然後可養，故受之以頤。

小畜之後爲履，大畜之後爲頤，履與頤不同；所以既說「物畜而後有禮，」又要說「物畜而後可養。」然而這個還可以敷衍過去。又如：

> 物不可以終壯，故受之以晉。晉者，進也；進必有所傷，故受之以明夷。
>
> 物不可以終止，故受之以漸。漸者，進也；進必有所歸，故受之以歸妹。

「晉」與「漸」都解作「進」。何以一則「有所歸」，一則「有所傷」呢？無他，要遷就「明夷」與「歸妹」之義，不得不如此。若晉與漸之後不是明夷與歸妹，而是別的卦，他也隨便給你解得通。又晉與漸之前若不是大壯與艮，而是別的卦，他又何嘗不可以說的頭頭是道。謂予不信，試看下面一個例。

> 有事而後可大，故受之以臨。臨者，大也；物大然後可觀，故受之以觀。
>
> 得其所歸者必大，故受之以豐。豐者，大也；窮大必失其居，故受之以旅。

「臨」、「豐」之義都是「大」，但臨之「大」是有「可觀」之「大」；而豐之「大」則變爲「窮大」，變爲「必失其居」了。於此，我們可以看出他附會序卦的伎倆。他用的方式有正反兩種，用語也有格式的。是：

正——⑴「必有所……」或「……必……」

　　⑵「……然後……」

反——⑴「……不可不……」

　　⑵「……不可以終……」或「不可以……」

『從正面說不通，可以從反面說；反正說通了就得了，管它對不對！』（古史辨第三冊一二九——一三二頁）

序卦的文字及其卦序，既與帛書「六十四卦」的順序不合；如果是孔子所作，則帛書不能沒有；若認爲帛書可能有孔子所作的「序卦」；那末，帛書的卦序何以和現行序卦傳不合？因此，序卦非孔子所作可以斷言。

但「序卦」作於何時？迄今尚無定論。

從孔穎達周易正義、李鼎祚周易集解兩書中，所引鄭玄佚注皆有「序卦」。屈萬里所著漢石經殘字內，猶存石經殘字數條：

1.□不可養也，故□□□□。

2.□受之以履，履而□□□。

3.必豫，故受之以豫。

4.受之以□，祇而無所害。

5.故受之以小過，有過□□。

可見在後漢靈帝熹平四年（一七五年）以前序卦業已流行。

又：淮南子繆稱訓說：『剝之不可遂盡也，故受之以復。』

高誘注：『言物剝落而復生也。』

按：現行王弼本、孔穎達正義本、朱熹本義本，皆有「序卦」，並說：『剝者，剝也；物不可以終盡，剝窮上反下，故受之以復；復，則不妄矣。』

由此可見，淮南子成書時，「序卦」已行於世。

清馬國翰玉函山房輯佚書，內有周易淮南九師道訓一卷。其敘略云：

『漢劉安撰，安厲王長子，文帝時封淮南王，事蹟見漢書本傳。劉向七略別錄云：所校讎：中易傳淮南九師道訓，除復重，定著十三篇。淮南王聘善易者九人，從之採獲；故書中署曰：淮南九師著。漢書藝文志，易十三家，有淮南道訓二篇。註：「淮南王安，聘明易者九人，號九師法（說）。」九師不詳何人。』

考淮南王劉安，生於漢文帝元年（西元前一七九年），卒於武帝元狩元年（前一二二年），年五十八歲。則「九師道訓」之成書，假定在二十五歲左右（約在前一四五年），即漢景帝中元六年。

據張政烺的估計，稱：帛書「六十四卦」，『從字體觀察，此卷蓋寫於漢文帝初年，約當公元前一八〇—一七〇年。』也就是說，比「淮南九師道訓」成書還早了二十五年。

但就帛書的「六十四卦」看來，不論從各組的卦序以及重卦的方式，都與石經的「序卦」所說的次序完全不合。因此，除非同意于豪亮所說：「帛書本顯然是另一系統的本子」外，則現存的通行的「序卦傳」，必定在淮南子成書以前，漢景帝中元以後纔有的。

末了，班固漢書藝文志說：『孔子爲之彖、象、繫辭、文言、序卦之屬十篇。』是「序卦」在班固治史之前即已存在。

又：史記孔子世家：『孔子晚而喜易，序：彖、繫、象、說卦、文言。』

這裡「序彖」之「序」，乃是序次、序列之「序」，非指「序卦」。在司馬遷著書當時，尚沒有看到「序卦」。

總之，「序卦」雖非孔子所作，但其成書年代，當不至晚於劉安的淮南子；這是可以斷言的！

一一、帛書易經與六十四卦的卦序問題

(一)帛書卦序與眾本比較

周禮春官：「大卜，掌三易之法，一曰連山，二曰歸藏，三曰周易。其經卦皆八，其別皆六十有四。」

賈公彥疏：

『名曰「連山」，似山出內氣也者，此連山易，其卦以純艮爲首；艮爲山，山上、山下，是名「連山」。雲氣出內於山，故名易爲「連山」。歸藏者，萬物莫不歸藏於其中，故名爲「歸藏」也。……號以「周易」，以純乾爲首；乾爲天，天能周帀於四時，故名易爲「周」也。』

由此得知，古代易經的「六十四卦」的卦序：連山以艮爲首，歸藏以坤爲首，周易以乾爲首。

帛書易經也是以乾爲首卦，但它的卦序與序卦的次第不合。現存易經的「卦序」與序卦合者，只有王弼注本。茲比較漢代京房的「卦序」以及帛書易經的「卦序」，以別其同異：

(1)**同於序卦者**

(1)王弼本

(2)繫辭傳中殘存的各卦文言傳

(3)繫辭傳中殘存的「履、謙」等九卦別本說卦」的卦序。

(2)**異於序卦者**

(1)雜卦傳

(2)京房的卦序

(3)帛書易經的卦序。

可是帛書易經又與京氏不同；兩者皆雜亂無章。原始的周易既以「乾」爲首卦，是同於帛書易經；我們要找原始的易經爲不可能，也無法找到可以證明和帛書的「卦序」相同的資料；那只有依現有的「序卦」來討論這個問題。

班固漢書藝文志：「孔氏爲之彖、象、繫辭、文言、序卦之屬十篇。」顏師古注：「上、下經及十翼，故十二篇。」

有人懷疑「十翼」，認爲非孔子所作；但陸德明、孔穎達卻認爲是孔子的著述。陸德明曰：『孔子作彖辭、象辭、文言、繫辭、說卦、序卦、雜卦，謂之十翼。班固曰：「孔子晚而好易，讀之，韋編三絕，而爲之傳。」傳即「十翼」也。』

孔穎達正義曰：

故一家數「十翼」云：上彖一、下彖二、上象三、下象四、上繫五、下繫六、文言七、說卦八、序卦九、雜卦十。

因此，易經一書之附有「序卦」，乃是鐵的事實；所要探究者，只是它是否爲孔子所作或後人所作；以及何人所作。不管有幾種本子，序卦必定要依「六十四卦」的卦序而作，殆無疑義。

王弼本「序卦」出於何人之手？我們暫且不論；可是現行易經之附有「序卦」，是無法否認的。

從孔穎達周易正義，李鼎祚周易集解兩書中，所引鄭玄的佚注，皆有「序卦」。

漢靈帝熹平四年的石經殘字，即有「序卦」，與乾卦的文言並列；而且獨立成篇。亦即在東漢之前「序卦」即已存在；不必待到王弼注書之時。

王弼本的「卦序」可以由「序卦」加以解說；帛書易經的「卦序」我們至今（除非今後尚有新的「序卦」出土）尚無法證明帛書易經的「卦序」是依何種原則決定。是否原始周易就是帛書易經的「祖本」，誰也無法確定。除非另有別本「序卦」出現，可以證明帛書「卦序」，別無其他方法。

李鼎祚周易集解，曾引證：荀爽、崔憬、鄭玄、九家易、虞翻、干寶各家序卦的文字。干寶曰：

『凡易，既分爲六十四卦，以爲上、下經，天人之事各有始終。夫子又爲「序卦」，以明其相承受之義。』

孟喜易章句引序卦曰：

「飲食必有訟，故受之以訟。」

鄭玄易注亦有序卦篇。

不問眞僞，則序卦的存在，必無可置疑。

(二)簡編散亂對於「卦序」的影響

因此，我們只能假定「帛書易經」的「卦序」是由簡編錯亂所致：

(一)帛書易經是「隸書」本，原是「秦隸」，在秦、漢時代屬於「今文」。

(二)隸書易經是由隸古定而來。

(三)司馬遷史記孔子世家：「孔子晚而喜易、序：彖、繫、象、說卦、文言；讀易，韋編三絕。」「韋編三絕」可以確定孔子時的易經是寫在竹簡或木簡之上。

(四)因爲「韋編」斷絕，竹簡散亂，傳鈔者從散亂的竹簡過錄，自然是錯簡中傳寫的易經。

(五)如果是由楮、帛所寫的易經過錄，那只有有僞字脫誤，卻不會有「錯簡」。

(六)因此，我們也可以假定「帛書易經」是一種「卦序」錯亂的鈔本。

一二、帛書「六十四卦」的「卦序」與各家比較表

(一)帛書「六十四卦」的卦序

乾 1	否 12	遯 33	履 10	訟 6	同人 13	无妄 25	姤 44
艮 52	大畜 26	剝 23	損 41	蒙 4	賁 22	頤 17	蠱 18
坎 29	需 5	比 8	蹇 39	節 60	既濟 63	屯 3	井 48
震 51	大壯 34	豫 16	小過 62	歸妹 54	解 40	豐 55	恆 32
坤 2	泰 11	謙 15	臨 19	師 7	明夷 36	復 24	升 46
兌 58	夬 43	萃 49	咸 31	困 47	革 49	隨 17	大過 28

離 30　大有 14　晉 35　旅 56　睽 38　未濟 64　噬嗑 21　鼎 50

巽 57　小畜 9　觀 20　漸 53　中孚 61　渙 59　家人 37　益 42

(二)王弼本「六十四卦」卦序

乾 1　坤 2　屯 3　蒙 4　需 5　訟 6　師 7　比 8

小畜 9　履 10　泰 11　否 12　同人 13　大有 14　謙 15　豫 16

隨 17　蠱 18　臨 19　觀 20　噬嗑 21　賁 22　剝 23　復 24

无妄 25　大畜 26　頤 27　大過 28　習坎 29　離 30　咸 31　恆 32

遯 33　大壯 34　晉 35　明夷 36　家人 37　睽 38　蹇 39　解 40

損 41　益 42　夬 43　姤 44　萃 45　升 46　困 47　井 48

革 49　鼎 50　震 51　艮 52　漸 53　歸妹 54　豐 55　旅 56

巽 57　兌 58　渙 59　節 60　中孚 61　小過 62　既濟 63　未濟 64

(三)序卦中的卦序

乾 1	坤 2	屯 3	蒙 4	需 5	訟 6	師 7	比 8
小畜 9	履 10	泰 11	否 12	同人 13	大有 14	謙 15	豫 16
隨 17	蠱 18	臨 19	觀 20	噬嗑 21	賁 22	剝 23	復 24
无妄 25	大畜 26	頤 27	大過 28	習坎 29	離 30	咸 31	恆 32
遯 33	大壯 34	晉 35	明夷 36	家人 37	睽 38	蹇 39	解 40
損 41	益 42	夬 43	姤 44	萃 45	升 46	困 47	井 48
革 49	鼎 50	震 51	艮 52	漸 53	歸妹 54	豐 55	旅 56
巽 57	兌 58	渙 59	節 60	中孚 61	小過 62	既濟 63	未濟 64

(四)別本說卦的卦序

乾 1
否 12
同人 13
大有 14
謙 15
豫 16
噬嗑 21
復 24
大過 28
咸 31

解40　損41　益42　困47　鼎50　節30　中孚61

是故履德之基也謙德之柄也復德之本也恆德之固也損德之修也益德之裕也困德之辯也井德之地也巽德之制也

履和而至謙尊而光復小而辨於物恆雜而不厭損先難而後易益長裕而不設困窮而通井居其所而遷巽稱而隱

履以和行謙以制禮復以自知恆以一德損以遠害益以興利困以寡怨井以辯義巽以行權

履10　謙15　復24　恆32　損41　益42　困47　井48　巽57

(五)雜卦中的卦序

乾1　坤2　比8　師7　臨19　觀20　屯3　蒙4

震51　艮52　損41　益42　大畜26　无妄25　萃45　升46

謙15　豫16　噬嗑21　賁22　兌58　巽57　隨17　蠱18

剝 23	渙 59	大壯 34	豐 55	大過 28
復 24	節 60	遯 33	旅 56	姤 44
晉 35	解 40	大有 14	離 30	夬 43
明夷 36	蹇 39	同人 13	坎 29	漸 53
井 48	睽 38	革 49	小畜 9	頤 27
困 47	家人 37	鼎 50	履 10	既濟 63
咸 31	否 12	小過 62	需 5	歸妹 54
恆 32	泰 11	中孚 61	訟 6	未濟 64

(六)京氏易「六十四卦」的卦序

乾 1	震 51	坎 29	艮 52
姤 44	豫 16	節 60	賁 22
遯 33	解 40	屯 3	大畜 26
否 12	恆 32	既濟 63	損 41
觀 20	升 46	革 49	睽 38
剝 23	井 48	豐 55	履 10
晉 35	大過 28	明夷 36	中孚 61
大有 14	隨 17	師 7	漸 53

兌 58	離 30	巽 57	坤 2
困 47	旅 56	小畜 9	復 24
萃 45	鼎 50	家人 37	臨 19
咸 31	未濟 64	益 42	泰 11
蹇 39	蒙 4	无妄 25	大壯 34
謙 15	渙 59	噬嗑 21	夬 43
小過 62	訟 6	頤 27	需 5
歸妹 54	同人 13	蠱 18	比 8

一三、王弼本序卦與熹平石經及鄭玄注本

王弼本的「序卦」，同於鄭玄和熹平石經，其首節文字：

『有天地然後萬物生焉，盈天地之間者，唯萬物；故受之以屯。屯者，盈也；屯者，物之始生也；物生必蒙，故受之以蒙。蒙者，蒙也。物之穉也；物穉不可不養也；故受之以需。需者，飲食之道也；飲食必有訟，故受之以訟。訟必有衆起，故受之以師。師者，衆也；衆必有所比，故受之以比。……』

依序卦傳，王弼本的第一組卦序，即是現行本的卦序：

乾、坤、屯、蒙、需、訟、師、比，

而京房、第一組的卦序則是：

乾、姤、遯、否、觀、剝、晉、大有。

帛書的第一組則是：

乾、否、遯、履、訟、同人、无妄、姤。

足證王弼本的「序卦」的文字，和京氏、帛書二家都完全不能符合。

因此，有人認爲現存通行本的「序卦傳」乃是後人的作品。

一四、帛書「六十四卦」重卦方式的推測

根據「八卦相錯」的原理，因而構成了帛書「六十四卦」之重卦的規則：

(1)乾→坤——天地定位

(2)艮→兌——山澤通氣

(3)坎→離——水火不相射

(4)震→巽——雷風相薄

這樣，便構成了下卦的次序：

1	2	3	4	5	6	7	8
乾、	坤、	艮、	兌、	坎、	離、	震、	巽。

再依帛書圓圖：

(1)乾→艮
(2)艮→坎
(3)坎→震
(4)震→坤
(5)坤→兌
(6)兌→離
(7)離→巽

這樣，便構成了上卦的順序：

1	2	3	4	5	6	7	8
乾	坤	坎	震	坤	兌	離	巽

從上面探索結果，疑帛書易經「六十四卦」的重卦方式可能如此。

再依帛書的「八卦方位」，其「相錯」的構成應如下圖：

八卦相錯

乾、坤、坎、離定位不相射，反覆不變；艮、兌、震、巽相薄相通，顛倒即變；艮反爲兌，震反爲巽，反之亦然。

㈠㈡㈢㈣皆陽卦，㈤㈥㈦㈧皆陰卦。

乾巽姤 艮巽蠱 坎巽井 震巽恆 坤巽升 兌巽大過 離巽鼎 巽震益

乾震无妄 艮震頤 坎震屯 震離豐 坤震復 兌震隨 離震噬嗑 巽離家人

乾離同人 艮離賁 坎離既濟 震坎解 坤離明夷 兌離革 離坎未濟 巽坎渙

乾坎訟 艮坎蒙 坎兌節 震兌歸妹 坤坎師 兌坎困 離兌睽 巽兌中孚

乾兌履 艮兌損 坎艮蹇 震艮小過 坤兌臨 兌艮咸 離艮旅 巽艮漸

乾艮遯 艮坤剝 坎坤比 震坤豫 坤艮謙 兌坤萃 離坤晉 巽坤觀

乾坤否 艮乾大畜 坎乾需 震乾大壯 坤乾泰 兌乾夬 離乾大有 巽乾小畜

乾乾乾 艮艮艮 坎坎坎 震震震 坤坤坤 兌兌兌 離離離 巽巽巽

乾 艮 坎 震 坤 兌 離 巽

組別 一 二 三 四 五 六 七 八

(一)帛書各組首卦及卦序表

卦序＼組別	1	2	3	4	5	6	7	8
一	乾	艮	坎	震	坤	兑	離	巽
二	否	大畜	需	大壯	泰	夬	大有	小畜
三	遯	剝	比	豫	謙	萃	晉	觀
四	履	損	蹇	小過	臨	咸	旅	漸
五	訟	蒙	節	歸妹	師	困	睽	中孚
六	同人	賁	既濟	解	明夷	革	未濟	渙
七	無妄	頤	屯	豐	復	隨	噬嗑	家人
八	姤	蠱	井	恆	升	大過	鼎	益

（二）王弼本各組首卦及卦序表

組別／卦序	1	2	3	4	5	6	7	8
一	**乾**	小畜	隨	无妄	遯	損	革	**巽**
二	**坤**	履	蠱	大畜	大壯	益	鼎	**兌**
三	屯	泰	臨	頤	晉	夬	**震**	渙
四	蒙	否	觀	大過	明夷	姤	**艮**	節
五	需	同人	噬嗑	**坎**	家人	萃	漸	中孚
六	訟	大有	賁	**離**	睽	升	歸妹	小過
七	師	謙	剝	咸	蹇	困	豐	既濟
八	比	豫	復	恆	解	井	旅	未濟

㈢帛書與王弼本卦名的歧異

帛書與王弼本卦名的異字共二十二卦，茲列表比照於後：

王弼本	帛書本	王弼本	帛書本
乾	鍵	需	襦
否	婦	蹇	蹇
遯	掾	震	辰
履	禮	大壯	泰壯
无妄	无孟	豫	餘
姤	狗	小過	少過
艮	根	坤	川
大畜	泰蓄	謙	嗛
賁	蘩	臨	林
蠱	箇	升	登
坎	習贛	兌	奪

又：張政烺、于豪亮兩文內多用簡字體；本文所引均改作正體。

一五、帛書文言傳殘本校正

乾

乾、元亨利貞。

文言曰：元者善之長也，亨者嘉之會也，利者義之和也，貞者事之幹也。君子體仁足以長人，嘉會足以合禮，利物足以和義，貞固足以幹事。君子行此四德者，故曰：乾元、亨、利、貞。

翟均廉曰：王弼加「文言曰」三字于首。

文言曰

乾元者始而亨者也，利貞者性情也。乾始以美利利天下，不言所利；大矣哉！大哉乾乎，剛健中正，純粹精也；六爻發揮，旁通情也；時乘六龍，以御天也；雲行雨施，天下平也。君子以成德爲行，日可見之行也。

前者，元、享、利、貞分別言之，稱爲「四德」；後者，「利貞」連文，體例不一；疑係別本文言的殘存文字。上無「文言曰」三字。

亢龍有悔。

子曰：貴而无位，高而无民，賢人在下位而无輔，是以動而有悔也。

此係乾卦上九文言複出於此；多「何謂也」三字。孔穎達正義：『「何謂也」者，此夫子疊經初九爻辭，故言「初九曰」，方釋其義；假設問辭，故言「潛龍勿用何謂也」。』

按：「何謂也」三字，疑係講師所加，以別上、下文。

坤

坤元亨利牝馬之貞。

文言曰：

坤至柔而動也剛，至靜而德方；後得主而有常，含萬物而化光。坤道其順乎？承天而時行。

別本乾卦文言傳

乾元者，始而亨者也；利貞者，性情也。乾始以美利利天下；大矣哉！乾乎！剛健中正，純粹精也。六爻發揮旁通情也，時乘六龍以御天也，雲行雨施天下平也。君子以成德爲行，日可見之行也。潛之爲言也，隱而未見，行而未成；是以君子弗用也。君子學以聚之，問以辯之，寬以居之，仁以行之；易曰：見龍在田，利見大人，君德也。

九三，重剛而不中，上不在天，下不在田；故乾乾因其時而惕，雖危无咎矣。

九四，重剛而不中，上不在天，下不在田，中不在人，故或之，或之者，疑之也；故无咎。

夫大人者，與天地合其德，與日月合其明，與四時合其序，與鬼神合其吉凶；先天而天弗違，後天而奉天時，天且弗違，而況於人乎？況於鬼神乎？

亢之爲言也，知進而不知退，知存而不知亡，知得而不知喪。其唯聖人乎！知進退存亡而不失其正者，其唯聖人乎！

翟均廉引朱子曰：「九四」非重剛，「重」字疑衍。

胡瑗以首句爲羨文。

吳澄刪去首句「其唯聖人乎」。
按：胡、吳說並非。
上、下文用疊句，即首尾用疊句，古人多有之。如：
列子楊朱篇：「其唯至人乎！公天下之身，公天下之物，其唯至人矣。」
莊子徐无鬼篇：「古之眞人……以天待人，不以人入天；古之眞人。」
論語陽貨篇：「天何言哉？四時行焉，百物生焉；天何言哉？」
又：泰伯篇：「禹，吾無間然矣，菲飲食，而致孝乎鬼神；惡衣服，而致美乎黻冕；卑宮室，而盡力乎溝洫；禹，吾無間然矣。」並可作證。則首句：「其唯聖人乎」，不應刪除。

一六、別本乾卦文言傳的補正

「乾元者，始而亨者也至其唯聖人乎」，出「九三」、「九四」二爻，不見初九、九二、九五、上九四爻。顯見中有脫簡、闕文。

自「乾元者」至「日可見之行也」，應是釋「初九」的文言。故下文云：「潛之爲言也，隱而未見，行而未成，是以君子弗用也。」此上依例應加「子曰」二字，以示解說「潛龍勿用」之意。

自「君子學以聚之」至「仁以行之」，應是釋「九二」的文言；故下引「易曰：見龍在田，利見大人，君德也。」君子上當增「子曰」二字。

自「夫大人者，與天地合其德」至「況於鬼神乎」，應是釋「九五」爻辭，言大人者與天地合其德，正解「利見大人」。「夫大人者」上，應加「子曰」二字。

自「亢之爲言也」至「其唯聖人乎」，應是釋「上九」爻辭。解「亢龍有悔」；上並應加「子曰」二字。又：「易曰見龍在田」，「易」字依例應改作「故」。

因此，上文：

九三，重剛而不中，上不在天，下不在田，故乾乾因其時而惕，雖危無咎矣。

「九三」下應加「終日乾乾子曰」六字。「重剛而不中」以下文字，乃明孔子之言。

九四，重剛而不中，上不在天，下不在田，中不在人，故或之，或之者，疑之也，故无咎。

朱子曰：『九四非「重刪」，「重」字疑衍。』

按：「九三」、「九四」皆言「重剛而不中」，於義重複。「九四」云：「中不在人」，而「九三」少此四字，義各有當。然各家對「重剛」兩字，衆說紛紜。兩者，必有其一，且「九四」爲陽爻而居陰位，不應言「重剛」；要刪「重」字。一作：「剛而不中」，一作：「重剛而不中」，以明其同異。

這段文字，當是別本文言傳的錯簡和殘闕文字無疑。

翟均廉曰：陸時位曰：虞仲翔云：「以乾接乾，故重剛。」。李鼎祚：「重卦自此二爻始，故云。」朱子謂：陽爻，陽位爲重剛，而以九四重剛爲衍文，失象旨矣。廉按：「諸儒皆作重剛。胡炳文本義通釋、梁寅易參義、熊良輔本義集成亦不從本義。」

孔穎達正義曰：

『中不在人者，三之與四俱爲人道；故九三不云：「中不在人。」「九四」則上近於天，下遠於地，非人所處；故特云「中不在人」。』孔說迂曲，不易了解。

按：乾卦「九三」：「君子終日乾乾。」說卦：「乾、健也，坤順也。」雜卦：「乾，剛；坤，柔。」又云：「大哉乾乎，剛健中正純粹精也。」則乾乾，即「重乾」，亦即「重剛」。而「九四」則云：「上下无常」，「進退无恆」。陽居陰位，故「剛而不中」。而非「重乾」亦即非「重剛」；故「重」字應爲衍文，當從朱說刪。

別本乾卦文言傳的補正：

文言曰

乾元者，始而亨者也。利貞者，性情也。乾始能以美利利天下，不言所利，大矣哉！大哉乾乎！剛健中正，純粹精也；六爻發揮，旁通情也；時乘六龍，以御天也；雲行雨施，天下平也。

初九　潛龍勿用。何謂也？**子曰**：君子以成德爲行，日可見之行也。潛之爲言也，隱而未見，行而未成，是以君子弗用也。

九二　見龍在田，利見大人，何謂也？子曰：君子學以聚之，問以辨之，寬以居之，仁以行之。（易）故曰：見龍在田，利見大人，君德也。

九三　君子終日乾乾，夕惕若厲，无咎，何謂也？子曰：（重）剛而不中，上不在天，下不在田；故乾乾因其時而惕，雖危无咎矣。

九四　或躍在淵无咎，何謂也？子曰：重剛而不中，上不在天，下不在田，中不在人；故或之，或之者，疑之也；故无咎。

九五　飛龍在天，利見大人，何謂也？子曰：夫大人者，與天地合其德，與日月合其明，與四時合其序，與鬼神合其吉凶。先天而天弗違，後天而奉天時，天且弗違，而況于人乎？況于鬼神乎？

上九　亢龍有悔，何謂也？子曰：亢之爲言也，知進而不知退，知存而不知亡，知得而不知喪。其唯聖人乎！知進退存亡而不失其正者，其唯聖人乎！

按：用「反白體」者爲所補之脫文。

本節脫文：　首脫：「文言曰」共三字。

初九　脫：「初九潛龍勿用何謂也子曰」，共十一字。

九二　脫：「見龍在田利見大人何謂也子曰」，共十三字。「易」應改作「故」。

九三　脫：「君子終日乾乾夕惕若厲无咎何謂也子曰」，共十七字。

九四　脫：「或躍在淵无咎何謂也子曰」，共十一字，衍「重」字一字。

九五　脫：「飛龍在天利見大人何謂也子曰」，共十三字。

上九　脫：「亢龍有悔何謂也子曰」，共九字。

一七、帛書繫辭傳中文言傳錯簡的訂正

茲依元人熊朋來、吳澄兩人的意見，將帛書和現行本的繫辭傳全文中，羼混的「文言傳」文字，加以整理，更能發見其中的錯簡：

㈠帛書第十二行：

鳴鶴在陰其子和之我有好爵吾與爾靡之

子曰君子居其室出其言善則千里之外應之況其邇者乎居其室出其言不善則千里之外違之況其邇者乎言出乎身加乎民行發乎邇見乎遠言行君子之樞機樞機之發榮辱之主也言行君子所以動天地也——中孚「九二」

按：帛書在「天地也」下闕「可不慎乎」四字，「鳴鶴」上應有「九二」二字。

㈡第十四行：

同人先號咷而後笑

子曰君子之道或出或處或默或語二人同心其利斷金同心之言其臭如蘭——同人「九五」

按：「同人」上應有「九五」二字。

㈢第十四行：

初六藉用白茅无咎

子曰苟錯諸地而可矣藉之用茅何咎之有愼之至也夫茅之爲物簿而用之可重也愼斯術也以往其无所失矣——大過「初六」

㈣第十五行：

勞謙君子有終吉

子曰勞而不伐有功而不德厚之至也語以其功下人者也德言盛禮言恭謙也者致恭以存其位者也——謙「九三」

按：「勞謙」上應有「九三」三字。

㈤第十六行：

亢龍有悔

子曰貴而無位高而无民賢人在下位而无輔是以動而有悔也——乾「上九」

按：「亢龍」上應有「上九」二字。又：此文已見於乾卦文言，「有悔」下當有「盈不可久也」五字。

㈥第十六行：

不出戶庭无咎

子曰亂之所生也則言語以爲階君不密則失臣臣不密則失身幾事不密則害成是以君子愼密不出也——節「初九」

按：「不出」上應有「初九」二字。

㈦第十七行：

子曰作易者其知盜乎

易曰負且乘致寇至負也者小人之事也乘也者君子之器也小人而乘君子之器盜斯奪之矣上慢下暴盜斯伐之矣慢藏誨盜。

易曰負且乘致寇至盜之招也——解「六三」

按：「易曰」二字，當作「六三」，「作易者其知盜乎」七字應在「致寇至」

句下。「易曰負且乘致寇至盜之招也」諸句，乃應「六三」爻辭而言，並係結句之文；「易」字宜當作「故」。又現行本「慢藏誨盜」下有「冶容誨淫」四字。鄭玄本作「野容誨淫」。

㈧第二十六行：

易曰自天祐之吉无不利

子曰祐者助也天之所助者順也人之所助者信也履信思乎順又以尚賢也是以自天祐之吉無不利也——大有「九二」

按：「易曰」二字應作「九二」，帛書無「子曰」二字。

㈨易曰憧憧往來朋從爾思

子曰天下何思何慮天下同歸而殊途一致而百慮天下何思何慮日往則月來月往則日來日月相推而明生焉寒往則暑來暑往則寒來寒暑相推而歲成焉往者屈也來者信也屈信相感而利生焉尺蠖之屈以求信也龍蛇之蟄以存身也精義入神以致用也利用安身以崇德也過此以往未之或知也窮神知化德之盛也——咸「九四」

按：「易曰」二字應作：「九四貞吉悔亡」。

㈩第四十行：

易曰困于石據於蒺藜入于其宮不見其妻凶

子曰非所困而困焉名必辱非所據而據焉身必危既辱且危死期將至妻其可得見邪

——困「六三」

按：「易曰」二字應作「六三」。

㈡第四十一行：

易曰公用射隼于高墉之上獲之无不利

子曰：隼禽也弓矢者器也射之者人也君子藏器於身待時而動何不利之有動而不括

是以出而有獲語成器而動者也——解「上六」

㈢第四十二行：

子曰小人不恥不仁不畏不義不見利不勸不威不懲小徵而大誡此小人之福也

易曰屨校滅趾无咎此之謂也——噬嗑「初九」

善不積不足以成名惡不積不足以滅身小人以小善爲无益而弗爲也以小惡爲無傷而

弗去也故惡積而不可揜罪大而不可解

按：在「子曰」前應有「初九屨校滅趾」六字，「易曰」當作「故曰」。

(十三)**第四十三行：**

易曰何校滅耳凶——噬嗑「上九」

按：「易曰」二字應作「上九」，「善不積不足以成名」一段文字應在此後，首當有「子曰」二字。

(十四)**子曰危者安其位者也亡者保其存者也亂者有其治者也是故君子安而不忘危存而不忘亡治而不忘亂是以身安而國家可保也**

易曰其亡其亡繫于包桑——否「九五」

按：「易曰」二字應作「九五」，「子曰」一段應在「易曰」之後。帛書闕。

(十五)**子曰德薄而位尊知小而謀大力小而任重鮮不及矣**

易曰鼎折足覆公餗其形渥凶言不勝其任也——鼎「九四」

按：「易曰」應作「九四」，「易曰」當在「子曰」之前。「言不勝其任也」六字，應在「鮮不及矣」句後。又：此段帛書闕。

(十六)**君子見幾而作不俟終日**

易曰介于石不終日貞吉介如石焉寧用終日斷可識矣君子知微知彰知柔知剛萬夫之望——豫「六二」

按：「易曰」二字應作「六二」，帛書上脫「子曰知幾其神乎君子上交不諂下交不瀆其知幾乎幾者動之微吉凶之先見者也」三十二字。「介如石焉」及以下諸句，應在「不俟終日」句後。又：「易曰」應在「子曰」之前。

㈦子曰顏氏之子其殆庶幾乎有不善未嘗不知知之未嘗復行也

易曰不遠復无祇悔元吉——復「初九」

按：「易曰」二字應作「初九」，子曰一段當在「易曰」之後，帛書闕。

又：「吉」字原闕。漢書楚元王傳引作：「吉凶之先見者也。」孔穎達云：「諸本或有「凶」字」。吳澄本增「凶」字，今據補。

㈧天地絪緼萬物化醇男女構精萬物化生

此十六字與上下文不相涉，疑係錯簡。

李鼎祚周易集解引虞翻曰：「謂泰上也。先說否，否反成泰，故不說泰。天地交，萬物通，故化醇。」又：「謂泰初之上成損，艮爲男，兌爲女，故男女構精，乾爲精，損反成益，萬物出震，故萬物化生也。」

干寶曰：「男女猶陰陽也，故萬物化生；不言陰陽而言男女者，以指釋損卦六三之辭主於人事也。」

孔穎達正義：

「以前章利用安身以崇德也，安心之道在於得一，若已能得一，則可以安身；故此章明得一之事也。絪縕氣附著之義，言天地無心，自然得一，二氣絪縕，共相和會，感應變化，而有精醇之生，萬物自化。若天地有心爲一，則不能使萬物化醇者也。」

侯果曰：「損六三爻辭也，象云：一人行三則疑，是衆不如寡，三不及一；此明物情相感，當上法絪縕化醇致一之道，則無患累者也。」

自虞翻、干寶、侯果、孔穎達皆以上文爲解釋損卦六三之辭。「天地絪縕，男女構精，萬物化生」，與「三人行則損一人，一人行則得其友」，義不相應。

易曰：莫之益或擊之，立心勿恆，凶。

熊朋來把它連下文讀作：「易曰：三人行，則損一人；一人行則得其友，言致一也。」定爲損卦六三文言。吳澄說：「此一節釋損六三爻辭。」其實損六三文言應包括下文：子曰：「君子安其身而後動，易其心而後語，定其交而後求；君子脩此三者，故全也。」一段在內。

㈨子曰安其身而後動易其心而後語定其交而後求君子脩此三者故全也危以動則民不與也懼以語則民不應也无交而求則民不與也莫之與則傷之者至矣易曰莫益之或擊之立心勿恆凶──益「上九」

按：「易曰」二字應作「上九」，「子曰」一段應在「易曰」之後。「危以動」上當有「子曰」二字。又「與」字郭京作「輔」，吳澄作「興」，並云：『「與」字與下文重。』

『危以動，則民不與也，懼以語，則民不應也；無交而求，則民不與也。莫之與則傷之者至矣。易曰：「莫之益，或擊之；立心勿恆，凶」。』纔是益卦上九的文言。

損卦的文言是言安、言易、言定、言致一，言全。益卦的文言，則言危、言懼、言无交、言傷、言勿恆、言凶；彼此相反。此序卦所謂：「損而不已必益，益而不已必決。」雜卦說：「損益盛衰之始也。」兩相反對。

損卦彖：「損下益上，其道上行。」益卦彖：損上益下，民說無疆。

又：「言致一也」四字，疑當在「定其交而後求」句後。熊朋來則自「君子安其身而後動」至「立心勿恆凶」，作爲益卦上九文言。泰卦彖曰：泰小往大來，吉亨。則是天地交而萬物通也。

又咸卦彖曰：

咸，感也。柔上而剛下，二氣感應而相與。止而說，男下女，是以亨利貞，取女吉也。天地感而萬物化生，聖人感人心，而天下和平；觀其所感，而天地萬物之情可見矣。……

九四，貞吉悔亡。憧憧往來，朋從爾思。象曰：貞吉悔亡，未感害也。憧憧往來，未光大也。

可能是咸卦文言的錯簡。前人多不解，故任意傳會穿鑿。

其次，繫辭傳中尙羼入：中孚九二、同人九五、大過初六、謙九三、節初九、解六三、大有九二、咸九四、困六三、解上六、噬嗑初九、上九、否九五、鼎九四、豫六二、復初九、損六三、益上九等十七卦的「文言」錯簡。可見文言傳原不限於乾、坤兩卦專有；而其他六十二卦的「文言」到現在已殘闕不全而已。

一八、文言傳佚文

禮記經解篇：『易曰：「君子愼始，差以毫釐，繆以千里」。』賈誼新書·胎教：『易曰：「正其本而萬物理，失之毫釐，差之千里。」故君子愼始。』史記太史公自序：『易曰：「差以豪釐，繆以千里」。』漢書東方朔傳亦引：『易曰：「正其本、萬事理，差以豪釐，繆以千里」。』劉向說苑、建本篇：『易曰：「建其本而萬物理，失之毫釐，差以千里。」是故君子貴建本而重立始。』易通卦驗引作：「失之毫釐，差以千里。」各家一再徵引，而易經卻無此文。帛書易經亦未發現；但其爲易經的佚文，殆無疑義。

熊朋來經說，禮記引易條說：

『小戴記之經解，大戴記之禮察、保傅皆引易曰：「君子愼始。」而今周易無其文；經解不知何人所作，輒託孔子之言，而河南程子曰：經解是弄文墨之士爲之，非孔子之書，然而篇末引易曰：「君子愼始，差若毫氂，謬以千里，取舍之謂也。」保傅引易曰：「正其本，萬物理，失之毫氂，差之千里，故君子愼始。」凡三引其文，各指定「易曰」，今易無之。孔疏妄認出繫辭傳，後儒多爲所誤。惟沙隨程可以久爲易緯通卦驗之文，然不當三處皆稱「易曰」；其韻語似古書。恐古已有之，或脫簡未可知也。』

按：東方朔傳引此文，顏師古注：「今本無此文。」此文兩漢俱存，至唐始脫；以司馬遷、班固、劉向之博贍，當時必見其文，決非好事者所杜撰。

考訟卦，『象曰：「天與水違行，訟。君子以作事謀始。初六，不永所事，小有言，終吉」。』疑係訟卦文言傳的佚文。

又：韓嬰韓詩外傳卷八：『官怠於小成，病加於小愈，禍生於懈惰，孝衰於妻子；察此四者，愼終如始。易曰：「小狐汔濟，濡其尾。」詩曰：「靡不有初，鮮克有終」。』

按未濟卦辭：「未濟，亨。小狐汔濟，濡其尾。」疑這些文字可能是未濟卦的文言傳的佚文。訟卦言：「君子愼始。」未濟卦則言「愼終如始」；一是指「愼始」，一是指「愼終」，正相對應。這些文字，應非文言傳莫屬。

其實「愼終如始」，出自老子。

老子六十三章：

「圖難於其易，爲大於其細；天下難事，必作於易；天下大事必作於細。」

又六十四章：

「其安易持，其未兆易謀；其脆易泮，其微易散。爲之於未有，治之於未亂。合抱之木，生於毫末，九層之臺，起於累土，千里之行，始於足下。爲者敗之，執者失之。是以聖人無爲故無敗，無執故無失；民之從事，常於幾成而敗之；愼終如始，則無敗事。」

河上公注：「愼終如始，則無敗事」云：

「終當如始，不當懈怠。」

王弼注：「其安易持，其未兆易謀，其脆易泮，其微易散。」四句云：

「以其安不忘危，持之不忘亡。謀之無功之勢，故曰易也。」此四者皆說「愼終」也。

又注：「民之從事常於幾成而敗之」云：「不愼終也。」

這正是防微杜漸的本意。繫辭傳所謂：「見幾而作，不俟終日。」

由於文言傳出現這些佚文，可見現存本「文言」皆屬殘本。欲還完璧，爲不可能

！

一九、文言傳殘卷輯略

乾

初九　潛龍勿用

子曰龍德而隱者也不易乎世不成乎名遯世无悶不見是而无悶樂則行之憂則違之確乎其不可拔潛龍也

九二　見龍在田利見大人

子曰龍德而正中者也庸言之信庸行之謹閑邪存其誠善世而不伐德博而化利見大人君德也

九三　君子終日乾乾夕惕若厲无咎

子曰君子進德脩業忠信所以進德也脩辭立其誠所以居業也知至至之可與幾也知終終之可與存義也是故居上位而不驕在下位而不憂故乾乾因其時而惕雖危无咎

矣

九四　或躍在淵无咎

子曰上下无常非爲邪也進退无恆非離群也君子進德欲及時也故无咎

九五　飛龍天天利見大人

子曰同聲相應同氣相求水流濕火就燥雲從龍風從虎聖人作而萬物覩本乎天者親上
本乎地者親下則各從其類也

上九　亢龍有悔

子曰貴而无位高而无民賢人在下位而无輔是以動而有悔也

坤

初六　履霜堅冰至

子曰履霜堅冰至蓋言順也積善之家必有餘慶積不善之家必有餘殃臣弒其君子弒其
父非一朝一夕之故其所由來者漸矣由辯之不早辯也

六二　直方大不習无不利

子曰直其正也方其義也君子敬以直內義以方外敬義立而德不孤直方大不習无不利

則不疑其行也

六三　含章可貞或從王事无成有終

子曰陰雖有美含之以從王事弗敢成也地道也妻道也臣道也地道无成而代有終也天地變化草木蕃天地閉賢人隱

六四　括囊无咎无譽

子曰括囊无咎无譽蓋言謹也

六五　黃裳元吉

子曰君子黃中通理正位居體美在其中而暢於四支發於事業美之至也

上六　龍于野其血玄黃

子曰陰疑於陽必戰爲嫌於无陽也故稱龍焉猶未離其類也故稱血焉夫玄黃者天地之雜也天玄而地黃

中孚

九二　鳴鶴在陰其子和之我有好爵吾與爾靡之

子曰君子居其室出其言善則千里之外應之況其邇者乎居其室出其言不善則千里之

外違之況其邇者乎言出乎身加乎民行發乎邇見乎遠言行君子之樞機樞機之發
榮辱之主也言行君子之所以動天地也可不愼乎

同人

九三　同人先號咷而後笑
子曰君子之道或出或處或默或語二人同心其利斷金同心之言其臭如蘭

大過

初六　藉用白茅无咎
子曰苟錯諸地而可矣藉之用茅何咎之有愼之至也夫茅之爲物薄而用可重也愼斯術
也以往其无所失矣

謙

九二　勞謙君子有終吉
子曰勞而不伐有功而不德厚之至也語以其功下人者也德言盛禮言恭謙也者致恭以
存其位者也

節

初九　不出戶庭无咎

子曰亂之所生也則言語以爲階君不密則失臣臣不密則失身幾事不密則害成是以君子愼密而不出也

解

六三　負且乘致寇至

子曰作易者其知盜乎負也者小人之事也乘也者君子之器也小人而乘君子之器盜思奪之矣上慢下暴盜思伐之矣慢藏誨盜冶容誨淫盜之招也

上六　公用射隼于高墉之上獲之无不利

子曰隼者禽也弓矢者器也射之者人也君子藏器於身待時而動何不利之有動而不括是以出而有獲語成器而動者也

困

六二　困于石據于蒺蔾入于其宮不見其妻凶

子曰非所困而困焉名必辱非所據而據焉身必危既辱且危死期將至妻其可得見邪

噬嗑

初九　屨校滅趾無咎
子曰小人不恥不仁不畏不義不見利不勸不威不懲小懲而大誡此小人之福也屨校滅趾无咎此之謂也
上九　何校滅耳凶
子曰善不積不足以成名惡不積不足以滅身小人以小善爲无益而弗爲也以小惡爲无傷而弗去也故惡積而不可揜罪大而不可解

否

九五　其亡其亡繫於苞桑
子曰危者安其位者也亡者保其存者也亂者有其治者也是以君子安而不忘危存而不忘亡治而不忘亂是以身安而國家可保也

鼎

九四　鼎折足覆公餗其形渥凶
子曰德薄而位尊知小而謀大力小而任重鮮不及矣言不勝其任也

豫

六二　介于石不終日貞吉

子曰知幾其神乎幾者動之微吉凶之先見者也君子見幾而作不俟終日君子上交不諂下交不瀆其知幾乎君子知微知彰知柔知剛萬夫之望介如石焉寧用終日斷可識矣

復

初九　不遠復无祇悔元吉

子曰顏氏之子其殆庶幾乎有不善未嘗不知知之未嘗復行也

損

六三　三人行則損一人一人行則得其友

子曰君子安其身而後動易其心而後語定其交而後求言致一也君子脩此三者故全也

益

上九　莫益之或擊之立身勿恆凶

子曰危以動之則民不與也懼以語之則民不應也無交而求則民不與也莫之與則傷之者至矣

二〇、帛書繫辭傳校補

古者包羲氏之王天下也仰則觀象於天俯則觀法於地觀鳥獸之文與地之宜近取諸身遠取諸物於是始作八卦以通神明之德以類萬物之情作結繩而爲網罟以佃以漁蓋取諸離包羲氏沒神農氏作斲木爲耜揉木爲耒耒耨之利以教天下蓋取諸益日中爲市致天下之民聚天下之貨交易而退各得其所蓋取諸噬嗑

神農氏沒黃帝堯舜氏作通其變使民不倦神而化之使民宜之是以自天祐之吉无不利黃帝堯舜垂衣裳而天下治蓋取諸乾坤刳木爲舟剡木爲楫舟楫之利以濟不通蓋取諸渙服牛乘馬引重致遠以利天下蓋取諸隨重門擊柝以待暴客蓋取諸豫斷木爲杵掘地爲臼臼杵之利萬民以濟蓋取諸小過弦木爲弧剡木爲矢弧矢之利以威天下蓋取諸睽

上古穴居而野處後世聖人易之以宮室上棟下宇以待風雨蓋取諸大壯古之葬者厚衣之以薪葬之中野不封不樹喪期无數後世聖人易之以棺槨蓋取諸大過上古結繩而治後世

聖人易之以書契百官以治萬民以察蓋取諸夬易窮則變變則通通則久
孔穎達正義，此繫辭傳下第二章，明聖人法自然之理而作易，象易以制器而利天下。

按：此言包犧始作八卦，乃作易之濫觴，制器尙象，言聖人仰觀俯察，爲一切創制之開始，今列作首篇。

「易窮則變變則通通則久」十字，隔斷上、下文氣，此爲本章結句之文，疑係錯簡；因移至「蓋取諸夬」句後，以爲本章結語。

「通則久」下：原有「是以自天祐之吉无不利」二句，吳澄本刪去此十字。疑係錯簡重出。

「以濟不通」下原有「致遠以利天下」六字。陸德明釋文：一本無「致遠以利天下」句。朱子曰：「致遠以利天下」疑衍。吳澄刪此六字，並云：「此六字見下文，重出。」按：帛書有此文，當據帛書。

依本章文字，神農時已取象於「益」和「噬嗑」，則重卦蓋自神農始矣。

帛書：「夬」作「大有也」。以上述上古創制。

聖人有以見天下之賾而擬諸其形容象其物宜是故謂之象聖人以有見下之動而觀其會通以行其典禮繫辭焉以斷其吉凶是故謂之爻言天下之至賾而不可惡也言天下之至動而不可亂也擬之而後言議之而後動擬議以成其變化

正義曰：「聖人有以」至「如蘭」，此第六章也。

按：此聖人設卦之意，與作易有關。

又，下文「鳴鶴在陰」至「如蘭」乃文言傳錯簡，已移入文言傳。

季本移「天下之至賾」三十九字置後「極天下之賾」上。

熊朋來曰：「聖人有以見天下之賾」至「成變」九十五字是錯簡，當入十二章重出之處，接下文：「極天下之賾」至「化而裁之存乎變。」以賾，動，變化三者中言之。

熊氏改定全文：

聖人有以見天下之賾而擬諸其形容象其物宜是故謂之象聖人有以見天下之動而觀其會通以行其典禮繫辭焉以斷其吉凶是故謂之爻言天下之不可亂也擬之而後言議之而後動擬議以成其變化極天下之賾者存乎卦鼓天下之動者存乎辭化而裁之存乎變推而行

存乎通神而明之存乎其人默而成之不言而信存乎德行。

又：上傳第十二章：

「是故夫象」聖人有以見天下之賾而擬諸形容象其物宜是故謂之象聖人有以見天下之動而觀其會通以行其典禮繫辭焉以斷其吉凶是故謂之爻九十五字。

按：「是故夫象」句下接「聖人有以見天下之賾」一句，殊不成文理，義亦不可通。

郭京曰：誤增「夫象」二字。呂祖謙謂「是故夫象」衍文。蔡淵曰：「夫」當作「爻」。

依上文：「書不盡言，言不盡意。」又云：「聖人立象以盡意。」王弼周易略例云：「盡意莫若象，……意以象盡，象者所以存意。」因爲，言不足以盡意，惟象可以盡意；則「夫象」二字當係「盡天下之意者存乎象」句之脫譌；「夫」、「乎」意近，又脫上文，是以致誤。如果只接下文：「極天下之賾者存乎卦，鼓天下之動者乎辭」之下，那末，彼此文例便一律了。但「聖人有以見天下之賾而擬諸形容象其物宜是故謂之象聖人有以見天下之動而觀其會通以行其典禮繫辭焉以斷其吉凶是故謂之爻」五十五字仍係錯簡重出。

季末反而刪去第六章：「聖人有以見天下之賾」三十二字，並云：「與後重出。」

知變化之道者其知神之所爲乎易有聖人之道四焉以言者尚其辭以動者尚其變以制器者尚其象以卜筮者尚其占是以君子將有爲也將有行也問焉而以言其受命也如嚮无有遠近幽深遂知來物非天下之至精其孰能與於此參伍以變錯綜其數通其變遂成天下之文極其數遂定天下之象非天下之至變其孰能與於此易无思也无爲也寂然不動感而遂通天下之故非天下之至神其孰能與於此夫易聖人所以極深而研幾也唯深也故能通天下之志唯幾也故能成天下之務唯神也故不疾而速不行而至非古之聰明睿智神武不殺者其孰能與於此哉

正義：「子曰知變化」至「此之謂也」，此第九章也。「知變化」上有「子曰」二字。

虞翻云：『諸本以「子曰」爲章首，而荀、馬又從之，甚非。』吳澄曰：『後人別此節屬下章，妄增「子曰」。』

帛書有「子曰」二字。又：「聖人之道」明僧紹作「君子之道」。

按：「不行而至」疑非結句之文，下文：「神以知來，知以藏往，其孰能與於此哉」，原已結句，下不當再有：「古之聰明睿知神武不殺者夫」諸語，顯見複沓。又：上文：「易有聖人之道四焉，以言者，尚其辭；以動者，尚其變；以制器者，尚其象；以卜筮者，尚其占。」所謂「四焉」者，直指：言、動、制器、卜筮四者。下文：

「无遠近幽深，遂知來物；非天下之至精，其孰能與於此。」此指「尚其辭」言。「極其數，定天下之象，非天下之至變，其孰能只於此」，此指「尚其變」言。「寂然不動，感而遂通天下之故，非天下之至神，其孰能與於此」，此指「尚其占」言。獨闕與「尚其口」相對應的文字。下文云：「極其數遂定天下之象」，似當作「尚其象」；上文「不行而至」，非結句之文，與下文：「子曰：易有聖人之道」句不連續。疑係此處脫簡，今移此後，並依文例，改作：

「唯神也故不疾而速，不行而至」；「非古之聰明睿知，神武不殺者，其孰能與於此。」使前後文例一律。各句作：

非天下之至精，其孰能與於此；

非天下之至變，其孰能與於此；

非天下之至神，其孰能與於此；

非古之聰明睿知神武不殺者，其孰能與於此。

如此，便合於「聖人之道四焉」的邏輯。

既稱：「聰明睿知」，爲與上文：「至精」、「至變」、「至神」相應，此文當作：

「非天下之至知，其孰能與於此」；方與前文句法一律。

以上明變化研幾。

聖人設卦觀象繫辭焉而明吉凶悔吝剛柔相推而生變化是故吉凶者失得之象也悔吝者憂虞之象也變化者進退之象也剛柔者晝夜之象也六爻之動三極之道也是故君子所居而安者易之象也所樂而玩著爻之辭也是故君子居則觀其象而玩其辭動則觀其變而玩其占

正義曰：「聖人設卦」至「不利」此第二章也。

「玩其占」下原有「自天祐之吉無不利」十字。吳澄刪去並以爲「十字乃文言釋大有上九爻詞，錯簡重出。」當從之。帛者無此文。

「易之象也」，「象」原作「序」。虞翻作「象」，並云：舊讀「象」誤作「序」；或作「序」非也。晁說之曰：作「象」乃與下文合。晁說是也，因據改。下文：「所樂而玩者爻之辭也；是故君子居則觀其象而玩其辭」。亦以象與辭相對為文。帛書「序」作「馬」，亦即作「象」。此皆應章首：「聖設卦觀象，繫辭焉而明吉凶。」前後對應。

虞翻本：「繫辭焉而明吉凶」下有「悔吝」二字，吳澄本同。此節上云：「繫辭焉而明吉凶，剛柔相推而生死變化。」獨闕「悔吝」；茲依文例補此二字。

八卦成列象在其中矣因而重之爻在其中矣剛柔相推變在其中矣繫辭焉而命之動在其中矣吉凶悔吝生乎動者也剛柔者立本者也變通者趣時者也吉凶者貞勝者也天地之道貞觀者也日月之道貞明者也天下之動貞夫一者也

正義曰：此第一章。

按：「天下之動貞夫一」句下，原有「夫乾確然示人易矣夫坤隤然示人簡矣」十六字。

言易簡之理，與上下文不相連續，因移至「是故闔戶謂之坤」句上。

「何以守位曰仁」，陸德明「仁」作「人」。吳澄曰：「與上文不相屬，當爲下章之首。」龍仁夫曰：「五句想是他章誤入。」翟均廉曰：季本以「將叛者」三十七字移置此下，別爲一章。」

馮椅曰：此節錯簡，與易全不相同。王介甫、郭子和亦嘗疑之。

是故易有太極是生兩儀兩儀生四象四象生八卦八卦定吉凶吉凶生大業是故法象莫大乎天地變通莫大乎四時懸象著明莫大乎日月崇高莫大乎富貴備物致用立象成器以爲天下利莫大乎聖人探賾索隱鉤深致遠以定天下之吉凶成天下之亹亹者莫大乎蓍龜是故天生神物聖人則之天地變化聖人效之天垂象見吉凶聖人象之河出圖洛出書聖人則之易有四象所以示也繫辭焉所以告也定之以吉凶所以斷也

正義曰：「是故易有」至「無不利也」此第十一章。太極謂天地未分之前，元氣混而爲一，即是太初太一也。故老子云：「道生一」，即此太極是也。

「立成器以爲天下利」，朱子曰：疑有闕文。荀悅漢紀引作「立象成器」，吳澄本增「象」字。因據增。

郭雍曰：「易有四象」節，與前文不相屬，又非別章；疑其錯簡。吳澄合此節與

「書不盡言」爲一章。

按：本節「所以斷也」句下，原有「易曰自天祐之吉無不利」十字。乃大有上九文言，複出於此；茲刪去。

帛書：「太極」作：「太恆」，前所未見。

俞琰曰：『此節當在「剛柔者晝夜之象也」之下。』並云：『張橫渠云：「吉凶、變化、進退、剛柔，易之四象」。』則上篇第二章文當作：「故吉凶者失得之象也悔吝者憂虞之象也變化者進退之象也剛柔者晝夜之象也易有四象所以示也」。

郭、俞二說並非也。本節上云：「天垂象見吉凶聖人象之。」下云：「易有四象」，如何可說：「與前文不相屬。」且上文輒云：「八卦定吉凶」，「以定天下之吉凶」，此言：「定之以吉凶所以斷也。」有何「不相屬」?郭說未可從！

書不盡言言不盡意然則聖人之意其不可見乎

聖人立象以盡意設卦以盡情僞繫辭焉以盡其言變而通之以盡利鼓之舞之以盡神

神也者妙萬物而爲言也是故形而上者謂之道形而下者謂之器化而裁之謂之變推而行之謂之通舉而措之天下之民謂之事業是故盡天下之意者存乎象極天下之賾者存乎卦鼓天

下之動者存乎辭化而裁之存乎變推而行之存乎通神而明之存乎其人默而成之不言而信存乎德行

成性存存道義之門

正義曰：「書不盡言」至「乎德行」，此第十二章也。

吳澄以「易有四象」節與此章相連。

朱子曰：「書不盡言」及「聖人立象」上原並有「子曰」二字。疑衍其一，「子曰」字皆後人所加，故有此誤。按：下「子曰」疑衍「子」字，上「子曰」爲問語；下「曰」字爲答語，不必有「子」字；下「子」字今刪。

「神也者妙萬物而言也」乃說卦之文，與上下文頗不相涉，疑係此處錯簡；因移此「以盡神」句下，以足其意。

「存乎德行」意尚未足。上第五章：「成性存存，道義之門」，與上下文俱不相涉。韓康伯注：「物之存成，由乎道義也。」疑此八字當在此「德行」句下。帛書作：「誠生口口道義之門」。上文：「神而明之，存乎其人；默而成之，不言而信。」乾卦文言：「庸言之信，庸德之謹，閑邪存其誠。」又云：「君子進德修業，忠信所以進德也；脩辭立其誠，所以居業也。知至至之可與幾也，知終終可與存義也。」正可作此文之注解。又疑下「存」字當作「誠」；全文作：「神而明之，存乎其人，默而成之，不言而信，存乎德行。成性存誠，道義之門。」

是故易者象也象也者像也彖者材也爻也者效天下之動者也是故吉凶生而悔吝著也

正義曰：此第三章。

按：此節與上下文俱不相應。

翟均廉曰：『謹案：周易折中以此節爲上章結語文，云：凡章首不用「是故」；「是故」是承上結 上之詞。』疑此文當在下篇：「爻也者，效此者也；象也者，像此者也」。諸句之上。

帛書：「象」作：「馬」。

以上叙說卦觀象

爻也者效此者也象者也像此者也爻象動乎內吉凶見乎外功業見乎變聖人之情見乎

辭

此下篇第一章。

正義曰：「爻也者效此者也」，此釋爻之名也。言爻者，效此物之變動也。象也者，像此者也，言像此物之形狀也。此明爻，象之義。

彖者言乎象者爻者言乎變者也吉凶者言乎其失得也悔吝者言乎其小疵也无咎者善補過也是故列貴賤者存乎位齊小大者存乎卦辯吉凶者存乎辭憂悔吝者存乎介震无咎者存乎悔是故卦有小大辭有險易辭也者各指其所之

將叛者其辭慙中心疑者其辭枝吉人之辭寡躁人之辭多誣善之人其辭游失其守者其辭屈

正義曰：此第三章也。

按：「辭也者各指其所之」，意猶未盡，非結句之文；更與下文：「易與天地準，故能彌補綸天地之道。」義不相應。末章：「失其所者其辭屈」諸句，馮椅曰：「此節錯簡。」但卻與此處文字十分吻合；因移此各「指其所之」句後。

以上指明爻通變。

能說諸心能研諸慮定天下之吉凶成天下之亹亹者是故變化云為吉事有祥象事知器占事知來天地設位聖人成能人謀鬼謀百姓與能八卦以象告爻彖以情言剛柔雜居而吉凶可見矣變動以利言吉凶以情遷是故愛惡相攻而吉凶生遠近相取而悔吝生情僞相感而利

害生凡易之情近而不相得則凶或害之悔且吝

正義曰：此第九章。「能研諸侯之慮」。李鼎祚周易集解無「侯之」二字。

王昭素曰：「侯之」二字，必是王輔嗣、鄭（韓）康伯以前錯。」司馬溫公曰：

『王輔嗣略例曰：「能研諸慮」；則「侯之」衍字。』茲依王弼略例刪。

張載曰：「易簡故能說諸心，知險阻故能研諸慮。」又曰：「繫辭言能研諸慮，

正是剩「侯之」二字。說者就而解：諸侯有之主；若是者即隨文爾。」因據刪。帛書

有此文，但「研」字作「數」。足見秦、漢之際即已衍誤。

以上言吉凶悔吝。

天尊地卑乾坤定矣卑高以陳貴賤位矣動靜有常剛柔斷矣方以類聚物以群分吉凶生

矣在天成象在地成形變化見矣是故剛柔相摩八卦相盪鼓之以雷霆潤之以風雨日月運行

一寒一暑乾道成男坤道成女乾知太始坤作成物乾以易知坤以簡能易則易知簡則易從易

知則有親易從則有功有親則可久有功則可大可久則賢人之德可大則賢人之業易簡而天

下之理得矣天下之理得而成位乎其中矣

正義曰：此第一章。明天尊地卑及貴賤之位，剛柔動靜，寒暑往來，廣明乾坤易

簡之德。聖人法之，能見天下之理。

夫乾天下之至健也德行恆易而知險夫坤天下之至順也德行恆簡以知阻

正義曰：此第九章。

上文「此之謂之道也」乃結句之文；下文：「能說諸心能研諸侯之慮」與此更不相涉。此言乾坤易簡之理。

以上論天地乾坤易簡之理。

易與天地準故能彌綸天地之道仰以觀於天文俯以察於地理是故知幽明之故原始反終故知生死之說精氣爲物游魂爲變故知鬼神之情狀與天地相似故不違知周乎萬物而道濟天下故不過旁行而不流中立而不倚樂天知命故不憂安土敦乎仁故能愛範圍天地之化而不過曲成萬物而不遺通乎晝夜之道而知故神无方而易无體一陰一陽之謂道繼之者善也成之者性也仁者見之謂之仁知者見之謂之知百姓日用而不知故君子之道鮮矣

此繫傳上第三章。帛書：「準」作「順」。

「天地之道」，虞翻、陸德明、李鼎祚「天下之道」。帛書亦作「天下之道」。

吳澄本「不流」下闕五字，並云：『下闕一句，其意若曰「中立而不滯」』。詳其文勢，如老氏所謂「獨立而不改，周行而不殆」。』

按：禮記中庸篇：

「故君子和而不流，強哉矯；中立而不倚，強哉矯。」易乾卦言剛健中正，自強不息；與此意頗相近。疑此五字當作「中立而不倚」，因據補。

夫乾天下之至健也德行恆易而知險夫坤天下之至順也德行恆簡以知阻夫乾確然示人易矣夫坤隤然示人簡矣是故闔戶謂之坤闢戶謂之乾一闔一闢謂之變往來不窮謂之通見乃謂之象形乃謂之器制而用之謂之法利用出入民咸用之謂之神

正義曰：「此第九章。」

按：「夫乾天下之至健也」至「德行恆簡以知阻」諸句，與上下文俱不相應；疑下並有脫文。下篇第一章，「天下之動員夫一者也」句下「夫乾確然示人易矣夫坤隤然示人簡矣」十六字，亦與上下文無涉，並疑錯簡；與此文義一貫，因移此「德行恆簡以知阻」句後。

又：上篇第十章：「是故闔戶謂之坤闢戶謂之乾，一闔一闢謂之變，往來不窮謂之通」及以下諸句，因「是故」非起句文，並疑係此處錯簡，因移此「夫坤隤然示人簡矣」句後。以上說明乾坤、闔闢之理。

夫易廣矣大矣以言乎遠則不禦以言乎邇則靜而正以言乎天地之間則備矣夫乾其靜也專其動也直是以大生焉夫坤其靜也翕其動也闢是以廣生焉廣大配天地變通配四時陰陽之義配日月易簡之善配至德

正義曰：「此第五章也。」並云：「夫易廣矣者，此贊明易理之大。」

按：此明乾坤、動靜、翕闢之理；亦即易簡之理。

天地之大德曰生聖人之大寶曰位何以守位曰仁何以聚人曰財理財正辭禁民爲非曰義

顯諸仁藏諸用鼓萬物而不與聖人同憂盛德大業至矣哉富有之謂大業日新之謂盛德生生之謂易成象之謂乾效法之謂坤極數知來之謂占通變之謂事陰陽不測之謂神

正義曰：「此第五章也。」帛書：「顯諸仁藏諸用」作「聖者仁勇」；「而不與聖人同憂」，「聖人」作「衆人」。

此言：「日新之謂盛德，生生之謂易。」與第一章：「天地之大德曰生，意頗相近。韓康伯注云：『施生而不爲，故能常生，故曰「大德」。』常生即具「生生」之義，因移此「禁民爲非曰義」句後。

乾坤其易之門邪乾陽物也坤陰物也陰陽合德而剛柔有體以體天地之撰以通神明之德乾坤其易之藴邪乾坤成列而易立乎其中矣乾坤毀則無以見易易不可見則乾坤或幾乎息矣

正義曰：此第五章。

按：此與下文：「其稱名也雜而不越」，義不相涉。與第十二章「乾坤其易之縕邪」至「則乾坤或幾乎息矣」彼此文意相通，因移至「以通神明之德」句後。

「乾坤」上原有「子曰」兩字，吳澄本刪去，此係後儒所加，今從吳本，帛書「易之要」作：「子曰：易之要可得知矣。乾坤易者之門戶也，乾陽物也，坤陰物也，陰陽合德，剛柔有體，以體天地之化。」「撰」作「化」。

以上舉陰陽動靜。

夫易何爲者也夫易開物成務冒天下之道如斯而已者也是故順人以通天下之志以定天下之業以斷天下之疑是故蓍之德圓而神卦之德方以知六爻之義易以貢聖人以此洗心退藏於密吉凶與民同患神以知來知以藏往**數往者順知來者逆是故易逆數也**是以明於天

之道而察於民之故是興神物以前民用聖人以此齋戒以神明其德夫顯道神德行是故可與酬酢可與祐神矣

正義曰：此第十章也。「開物成務」，帛書作：「古物定命」。

上文：「天一地二」至「天九地十」，下文：「是故闔戶謂之坤闢戶謂之乾」兩不相涉，當係錯簡。「神以知來知以藏往」下：「其孰能與於此哉古之聰明睿知神武而不殺者夫」十九字更與此不相關，疑係他處錯簡；已移他章。又：說卦傳：「數往者順，知來者逆，是故易逆數也；」亦與該處義不相涉。與「神以知來，知以藏往」意義相合；正好塡補此文。末句：「以神明其德夫」句中，末「夫」字，正義曰：「以神明其德夫」者，言聖人既以衆道自齋戒，又以易道神明其已之德化也。」意頗晦昧。疑此「夫」字，乃起句之辭，下有脫文。上第八章：「顯道神德行是故可與酬酢可與祐神矣」十六恰與上文：「天下之能事畢矣」不相連屬，當係錯簡；因移此「夫」字之後。並作本章結語。如此，上、下文便連成一氣。作：「是興神物，以前民用，聖人以此齋戒，以神明其德；夫顯道神德行，是故可與酬酢，可與祐神矣。並作本章的結語。「神德行」，亦即「以通神明之德」；此所謂「神而明之，存乎其人」。

又：陸德明釋文：『「夫」，荀爽、虞翻、顧歡絶句；衆皆以「夫」爲下句；一本无「夫」字。』此「夫」字爲語助提示之詞，應連下讀；而非疑問之詞作「乎」字用。

按：下文言乾坤闔闢之理，與此不相連屬，不應從「夫」字斷句；亦與上句「天下之能事畢矣」，義不相應；下句「子曰」又不相屬。「畢矣」是結句，「祐神矣」又是結句。「顯道」上必有脱文。疑即「夫」字下之脱簡，今移此下；作：「夫顯道神德行，是故可與酬酢，可與祐神矣」；並與「聖人以此齋戒，以神明其德」，義亦相合。

按：「聖人以此洗心」，「洗」字京房、荀爽、虞翻、董遇、張璠、蜀才作「先」；石經同。疑作「先」、作「洗」、皆「潛」字之誤；「洗心」，當作「潛心」；因「潛」字缺壞，遂誤作「洗」。揚子法言問神篇：「敢問潛心于聖，曰：昔乎仲尼潛心於文王矣，達之；顏淵亦潛心於仲尼矣，未達一間耳。」李軌注：「人以潛心鉤深致遠，探頤索引。」三國志蜀志秦宓傳：「揚子雲潛心著述，有補於世。」又向朗傳：「潛心典籍，孜孜不倦。」乾卦文言：「陽氣潛藏」。聖人以此「潛心」，乃能「退藏於密。」韓康伯注：「洗濯萬物之心。」

「洗心」，帛書作「佚心」，「佚」通「逸」有隱逸之義並通。

吉凶與民同患神以知來知以藏往古之聰明睿知神武而不殺者夫

正義曰：「表吉、凶之象，以同民所憂。又：孰能與此哉者，言孰能同此也。蓋是古之聰明睿知神武而不殺者夫。」

又曰：「此明蓍卦之用，同神知也。蓍定數於始，於卦爲來，卦成象於終，於蓍爲往；往來之用相成，猶神知也。」此言占卦之事，似與睿知神武不相涉。

易之爲書也不可遠爲道也屢遷變動不居周流六虛上下无常剛柔相易不可爲典要唯變所適其出入以度使內外知懼又明於憂患與故無有師保如臨父母初率其辭而揆其方既有典常苟非其人道不虛行其稱名也雜而不越於稽其類其衰世之意邪

正義曰：此第六章，明易體用也。

按：此節明易經旨要，與上文毫不相涉，當另行起句。

朱子本義曰：「外內使知懼」此句未詳，疑有脫誤。語錄云：『據文勢，合作「使內外知懼」。』朱說是，因據改。

按：上第五章：「其稱名也雜而不越於稽其類其衰世之意邪」十八字，與上文義不相應。此言：「使內外知懼，又明以憂患與故」。正合「衰世之意」；因移此「道不虛行」一句後。

易之爲書也廣大悉備有天道焉有人道焉有地道焉兼三才而兩之故六六者非它也三材之道也道有變動故曰爻爻有等故曰物物相雜故曰文文不當故吉凶生焉

正義曰：此節明三材之義，六爻相雜之理也。

按：上文自「履德之基也」至「巽以行權」，與上下文各不相附。文體亦不類繫辭語氣，疑係他書錯簡，帛書在「易之義」中有此文。

請諸卷末。

易之爲書也原始要終以爲質也六爻相雜唯其時物也若夫雜物撰德辯是與非則非中爻不備噫亦要存亡吉凶則居可知矣知者觀其彖辭則思過半矣

正義曰：此以下亦明易辭體用，尋其辭，則吉凶可知也。

翟均廉曰：季本以「噫」下二十三字，移置「其剛勝邪」之後。

帛書：「則思過半矣」，作：「則將可知矣」。

易其至矣乎夫易聖人所以崇德而廣業也知崇德卑崇效天卑法地天地設位而易行乎

其中矣

按：此繫辭傳上第五章。

原在「易簡之善配至德」句後。

吳澄曰自「夫易廣矣」至「易其至矣乎」省「子曰」字。

歐陽氏（修）曰：「子曰」講師之說。朱子曰：『後人所加，夫子不應自著「子曰」。』吳澄曰：後人欲分此句屬下章，故加「子曰」以別之。按：帛書有「子曰」二字，朱熹、吳澄等以繫辭爲孔子所自作。

諸說並是也，因據刪「子曰」二字。

又：末句「成性存存道義之門」八字，因與上下文俱不相應，已移至第十二章「不言而信存乎德行」句後。

大易彰往而察來而微顯闡幽開而當名辨物正言斷辭則備矣其稱名也小其取類也大其旨遠其辭文其言曲而中其事肆而隱因貳以濟民行以明失得之報

正義曰：「此第五章。」帛書闕。

韓康伯注：「失德之報者，得其會則吉，乖其理則凶。」

朱子曰：『「而微顯」，恐當作「微顯而開」；「而之而」亦疑有誤。』又云：「此第六章多闕文。」

按：此節與上下文俱不相涉，疑係錯簡；且文字凌亂費解。第三章：「吉凶者，言乎其失得也。」此文似與占卜有關，因無所屬，茲暫移「陽卦多陰陰多陽」諸句之前。

以上贊易之廣大。

陽卦多陰陰卦多陽其故何也陽卦奇陰卦耦其德行何也陽一君而二民君子之道也陰二君而一民小人之道也二與四同功而異位其善不同二多譽四多懼柔之爲道不利遠者其要无咎其用柔中也三與五同功而異位三多凶五多功貴賤之等也其柔危其剛勝邪

天一地二天三地四天五地六天七地八天九地十天數五地數五五位相得而各有合天數二十有五地數三十凡天地之數五十有五此所以成變化而行鬼神也

大衍之數五十其用四十有九分而爲二以象兩掛一以象三揲之以四以象四時歸奇於扐以象閏五歲再閏故再扐而後掛

乾之策二百一十有六坤之策百四十有四凡三百有六十當期之日二篇之策萬有一千

五百二十當萬物之數也是故四營而成易十有八變而成卦八卦而小成引而伸之觸類而長之天下之能事畢矣

正義曰：此第三章。

按：此節與上下文俱不相應，下文自「易曰」至「德之盛也」乃文言傳錯簡，已移歸文言傳。

俞琰曰：「其德行也」一節疑錯簡，當屬前章「貞夫一」之下。

二與四同功而異位其善不同二多譽四多懼近也柔之爲道不利遠者其要无咎其用柔中也三與五同功而異位三多凶五多功貴賤之等也其柔危其剛勝邪

正義曰：「二與四」至「易之道也」此第八章。

按：此節與上文不相連屬與下文亦不相關。此明諸卦二、三、四、五爻之功用，與陽卦多陰，陰卦多陽，「一君二民」，「二君一民」之義有關，因移此後。

天一地二天三地四天五地六天七地八天九地十

正義曰：「天一地二」至「謂之神」，此第十章也。又曰：「天一」至「地十」，此言天地陰陽自然奇像之數也。」

翟均廉曰：

班固律歷志，衛元嵩元苞運蓍篇引易「天一至地十」在「天數五」之上。張子曰：「此語恐在天數五處，然聖人之於書亦有不欲併一說盡。」程子曰：『「二十」字，合在「天數五」上，簡編失其次也。』郭雍曰：當在「天數五」上。姚大老亦云然。吳澄曰：「班時此簡猶未錯也。」毛奇齡曰：「班志、元苞，此引經偶參錯處。」馬融、荀爽、虞翻、姚信、周氏、韓伯、陸德明、孔穎達、李鼎祚。此節在「子曰夫易何爲者也」之上。朱子發、李衡、張浚、王宗傳、吳仁傑、毛奇齡、惠棟從之。程子、呂祖謙移「天一」二十字，于「天數五」之上，「大衍」節之下。蘇軾、朱子移「天一」下二十字，于「天數五」之上；俱在「大衍」前。云：「程子宜在此，今從之。」項安世、吳澄、胡一桂，熊良輔，董楷、董眞卿、俞琰同。李心傳此節仍韓本在後，移「天數五」節合一章，爲第十二章。王申子亦主此說。季本以「易曰知變化之道者」二句，連「天一」、「天數五」二段，總加「大衍」節上。

天一地二天三地四天五地六天七地八天九地十天數五地數五五位相得而各有合天

數二十有五地數三十凡天地之數五十有五此所以成變化而行鬼神也

正義曰：「天一地二」至「謂之神」此第一章也。

按：此節上文爲文言傳錯簡，與此毫不相涉。

大衍之數五十其用四十有九分而爲二以象兩掛一以象三揲之以四以象四時歸奇於扐以象閏五歲再閏故再扐而後掛

乾之策二百一十有六坤之策百四十有四凡三百有六十當期之日二篇之策萬有一千五百二十當萬物之數也是故四營而成易十有八變而成卦八卦而小成引而伸之觸類而長之天下之能事畢矣

正義曰：「大衍之數」至「祐神矣」此第八章，明占筮之法也。

翟均廉曰：馬融、荀爽、虞翻、韓伯、周氏、陸德明，李鼎祚此節在「大衍」節後。程子仍在「大衍」節後加「天一」節於此之上。

按：「天下之能事畢矣」已是結句之文，下文：「顯道神德行故可與酬酢可與祐神矣」十五字，疑係他處錯簡；因移至「以神明其德夫」句後。

大衍之數五十其用四十有九

正義曰：

京房云：「五十者，謂十日、十二辰、二十八宿也。凡五十，其一不用者，天之生氣將欲以虛來實；故用四十九焉。」馬季長云：「易有太極，謂北辰也。太極生兩儀，兩儀生日月，日月生四時，四時生五行，五行生十二月，十二月生二十四氣；北辰居位不動，其餘四十九轉運而用也。」鄭康成云：「天地之數，五十有五，以五行氣通，凡五行減五，大衍又減一；故四十九也。」姚信、董遇云：「天地之數五十有五者，其六以象六畫之數，故減之而用四十九。但五十之數，義有多家，各有其說，來知孰是？」

按：這段文字，有關象數之學。自漢人京房、馬融、鄭玄、荀爽、姚信、董遇皆有所見；則在漢代，此文已入繫辭傳中無疑；未可謂無此文也。帛書雖闕，疑其有脫簡也。當加以補正。

又：陽卦多陰，陰卦多陽，其故何也？陽卦奇，陰卦耦，其德行何也？此只是說明奇耦，未及多陰多陽」。下文：「其德行何也？」又是發問之辭，故接以「陽一君而二民，曰君子之道也；陰二君而一民，小人之道也。」作爲答語，明君、臣，和小人、君子之德行。先言陰陽兩卦之爻位，次言君民尊卑貴賤之德行。

「四多懼近也」，郭京曰：注云：「懼，近也。」今本誤以「近也」字爲正文「近」字，仍脫「懼」字。毛奇齡云：案今本王注已無「懼近也」句。按：繫辭傳乃韓康伯所注，非王弼；故仍依郭氏刪去「近也」二字。

附：漢書律曆志所引文字：

易曰：「天一地二，天三地四，天五地六，天七地八，天九地十。天數五，地數五，五位相得而各有合。天數二十有五，地數三十，凡天地之數五十有五，此所以成變化行鬼神也。」

顏師古曰：「皆上繫之辭。」

以上暢談卜筮象數。

易之興也其於中古乎作易者其有憂患乎

易之興也其當殷之末世周之盛德邪當文王與紂之事邪是故其辭危危者使平易者使傾其道甚大百物不廢懼以終始其要无咎此之謂易之道也

正義曰：「易之興也」至「巽以行權」，此第六章。

按：下文自「是故履德之基也」至「巽以行權」，與上文俱不相涉；且文體亦不類繫辭風格，帛書在「易之義」中有此文；疑係他書錯簡，故予刪去。又：晉書束哲傳晉太康二年汲冢竹書有：「卦下易經一篇，似說卦而異；」疑與此錯簡有關。又：第八章：「當文王與紂之事邪？是故其辭危。」正合憂患之意。因移此其「有憂患乎」句後，使全文連成一氣。

以上稱易之道。

昔者聖人之作易也將以順性命之理是以立天之道曰陰與陽立地之道曰柔與剛立人之道曰仁與義兼三才而兩之故易六畫而成卦分陰分陽迭用柔剛故易六位而成章

此亦係「說卦」文，說卦只論「八純卦」，此「言兼三才而兩之」，「六畫而成卦」，「六位而成章。」顯非說卦文字，必須在「重卦」之後才有六爻；才能作易。但與繫辭相似，當係繫辭錯簡，今移至繫辭傳中。

帛書繫辭傳無此文，而在另一篇「易之義」中。

又「說卦」中有「數往者順知來者逆是故易逆數也」十四字和「神也者妙萬物而為言也」十字，俱與該篇上下文不相應，疑係繫辭傳的錯簡；已分別移入繫辭傳。

昔者聖人之作易也幽贊於神明而生蓍參天兩地而倚數觀變於陰陽而立卦發揮於剛柔而生爻和順於道德而理於義窮理盡性以至於命

此係「說卦」文，說卦只論八純卦，言立卦生爻，皆越出說卦範圍，當係繫辭傳錯簡；帛書不在繫辭傳而在另一篇「易之義」中，今移入繫辭傳。

按：這前後兩節文字，都在「說卦」首章，可能原來周易「說卦」是逕附在「繫辭傳」之後，因簡編斷裂，乃成爲「說卦」之首；遂使繫辭傳的最末一節成爲「說卦」本文的首章。

又：帛書在此後，尚有：『天地定位，山澤通氣，火水相射，雷風相薄，八卦相錯。』諸句，這正是「說卦」本文。下有「數往者順，知來者逆；故易逆數也。」十三字，疑係繫辭傳錯簡，已移入繫辭傳。

以上頌聖人作易。

是故履德之基也謙德之柄也復德之本也恆德之固也損德之修也益德之裕也困德之辯也井德之地也巽德之制也

履和而至謙尊而光復小而於物恆雜而不厭損先難而後易長裕而不設困窮而通井居

其所而遷巽稱而隱

履以和行謙以制禮以自知恆以一德損以遠害益以興利困以寡怨井以辯義巽以行權

正義曰：「此第六章。」

此節文字，與上下文全無關係；且文體亦不煩繫辭傳，顯係他書混入；可能爲別本「說卦」；茲附於卷本，待考。

又：「巽以行權」，帛書：「巽」作「渙」。

以上似說卦而異。

二一、吳澄論繫辭傳

吳澄曰：繫詞傳上、下篇共二十章；首發端以「天地」字者三；以「聖人」字者二；以「易」字者十一；以彖、爻，以一陰一陽，以八卦，以陽卦以陰卦者各一。舊本有「子曰」者六，先儒以爲後人所加。今考之「易其至矣乎，知變化之道者，其知神之所爲乎」，皆是前章之結語；後之分章者，欲以此爲後章之起語。「書不盡言」、「乾坤其易之門邪？」皆是連上文共爲一章。後之分章者欲分截自此別爲一章，故四處加「子曰」字以別之。「易有聖人之道四焉者」，是再提章首起句爲結句，「聖人立象以盡意」，是答語，答上文問語；故兩處亦各加「子曰」字，今並刪去。俾讀者不致生疑，而妄謂繫辭傳非夫子所作云。

二二、新編繫辭傳全文

古者包羲氏之王天下也仰則觀象於天俯則觀法於地觀鳥獸之文與地之宜近取諸身遠取諸物於是始作八卦以通神明之德以類萬物之情作結繩而爲網罟以佃以漁蓋取諸離

包羲氏沒神農氏作斲木爲耜揉木爲耒耒耨之利以敎天下蓋取諸益日中爲市致天下之民聚天下之貨交易而退各得其所蓋取諸噬嗑

神農氏沒黃帝堯舜氏作通其變使民不倦神而化之使民宜之

黃帝堯舜垂衣裳而天下治蓋取諸乾坤刳木爲舟剡木爲楫舟楫之利以濟不通蓋取諸渙服牛乘馬引重致遠以利天下蓋取諸隨重門擊柝以待暴客蓋取諸豫斷木爲杵掘地爲臼臼杵之利萬民以濟蓋取諸小過弦木爲弧剡木爲矢弧矢之利以威天下蓋取諸睽

上古穴居而野處後世聖人易之以宮室上棟下宇以待風雨蓋取諸大壯古之葬者厚衣之以薪葬之中野不封不樹喪期無數後世聖人易之以棺槨蓋取諸大過上古結繩而治後世聖人

易之以書契百官以治萬民以察蓋取諸夬易窮則變變則通通則久

聖人有以見天下之賾而擬諸其形容象其物宜是故謂之象聖人以有見下之動而觀其會通以行其典禮繫辭焉以斷其吉凶是故謂之爻言天下之至賾而不可惡也言天下之至動而不可亂也擬之而後言議之而後動擬議以成其變化

知變化之道者其知神之所爲乎易有聖人之道四焉以言者尚其辭以動者尚其變以制器者尚其象以卜筮者尚其占是以君子將有爲也將有行也問焉而以言其受命也如嚮无有遠近幽深遂知來物非天下之至精其孰能與於此參伍以變錯綜其數通其變遂成天下之文極其數遂定天下之象非天下之至變其孰能與於此易无思也无爲也寂然不動感而遂通天下之故非天下之至神其孰能與於此夫易聖人所以極深而研幾也唯深也故能通天下之志唯幾也故能成天下之務唯神也故不疾而速不行而至非古之聰明睿智神武不殺者其孰能與於此哉

聖人設卦觀象繫辭焉而明吉凶悔吝剛柔相推而生變化是故吉凶者失得之象也悔吝者憂虞之象也變化者進退之象也剛柔者晝夜之象也六爻之動三極之道也是故君子所居而安者易之象也所樂而玩者爻之辭也是故君子居則觀其象而玩其辭動則觀其變而玩其占

八卦成列象在其中矣因而重之爻在其中矣剛柔相推變在其中矣繫辭焉而命之動在其中矣吉凶悔吝生乎動者也剛柔者立本者也變通者趣時者也吉凶者貞勝者也天地之道貞觀者也日月之道貞明者也天下之動貞夫一者也

是故易有太極是生兩儀兩儀生四象四象生八卦八卦定吉凶吉凶生大業是故法象莫大乎天地變通莫大乎四時懸象著明莫大乎日月崇高莫大乎富貴備物致用立象成器以爲天下利莫大乎聖人探賾索隱鉤深致遠以定天下之吉凶成天下之亹亹者莫大乎蓍龜是故天生神物聖人則之天地變化聖人效之天垂象見吉凶聖人象之河出圖洛出書聖人則之易有四象所以示也繫辭焉所以告也定之以吉凶所以斷也

書不盡言言不盡意然則聖人之意其不可見乎

聖人立象以盡意設卦以盡情僞繫辭焉以盡其言變而通以盡利鼓之舞之以盡神神也者妙萬物而爲言也是故形而上者謂之道形而下者謂之器化而裁之謂之變推而行之謂之通舉而措之天下之民謂之事業是故盡天下之意者存乎象極大下之賾者存乎卦鼓天下之動者存乎辭化而裁之存乎變推而行之存乎通神而明之存乎其人默而成之不言而信存乎德行成性存誠道義之門

是故易者象也象也者像也彖者材也爻也者效天下之動者也是故吉凶生而悔吝著也

爻也者效此者也象者也像此者也爻象動乎內吉凶見乎外功業見乎變聖人之情見乎辭

彖者言乎象者爻者言乎變者也吉凶者言乎其失得也悔吝者言乎其小疵也无咎者善補過也是故列貴賤者存乎位齊小大者存乎卦辯吉凶者存乎辭憂悔吝者存乎介震无咎者存乎悔是故卦有小大辭有險易辭也者各指其所之

將叛者其辭慙中心疑者其辭枝吉人之辭寡躁人之辭多誣善之人其辭游失其守者其辭屈

能說諸心能研諸慮定天下之吉凶成天下之亹亹者是故變化云爲吉事有祥象事知器占事知來天地設位聖人成能人謀鬼謀百姓與能八卦以象告爻彖以情言剛柔雜居而吉凶可見矣變動以利言吉凶以情遷是故愛惡相攻而吉凶生遠近相取而悔吝生情僞相感而利害生凡易之情近而不相得則凶或害之悔且吝

天尊地卑乾坤定矣卑高以陳貴賤位矣動靜有常剛柔斷矣方以類聚物以群分吉凶生矣在天成象在地成形變化見矣是故剛柔相摩八卦相盪鼓之以雷霆潤之以風雨日月運行一寒一暑乾道成男坤道成女乾知太始坤作成物乾以易知坤以簡能易則易知簡則從易知則有

親易從則有功有親則可久有功則可大可久則賢人之德可大則賢人之業易簡而天下之理得矣天下之理得而成位乎其中矣

易與天地準故能彌綸天地之道仰以觀於天文俯以察於地理是故知幽明之故原始反終故知生死之說精氣爲物游魂爲變故知鬼神之情狀與天地相似故不違知周乎萬物而道濟天下故不過旁行而不流中立而不倚樂天知命故不憂安土敦乎仁故能愛範圍天地之化而不過曲成萬物而不遺通乎晝夜之道而知故神无方而易无體一陰一陽之謂道繼之者善也成之者性也仁者見之謂之仁知者見之謂之知百姓日用而不知故君子之道鮮矣

夫乾天下之至健也德行恆易而知險夫坤天下之至順也德行恆簡以知阻夫乾確然示人易矣夫坤隤然示人簡矣是故闔戶謂之坤闢戶謂之乾一闔一闢謂之變往來不窮謂之通見乃謂之象形乃謂之器制而用之謂之法利用出入民咸用之謂之神

夫易廣矣大矣以言乎遠則不禦以言乎邇則靜而正以言乎天地之間則備矣夫乾其靜也專其動也直是以大生焉夫坤其靜也翕其動也闢是以廣生焉廣大配天地變通配四時陰陽之義配日月易簡之善配至德

天地之大德曰生聖人之大寶曰位何以守位曰仁何以聚人曰財理財正辭禁民爲非曰義

顯諸仁藏諸用鼓萬物而不與聖人同憂盛德大業至矣哉富有之謂大業日新之謂盛德生生之謂易成象之謂乾效法之謂坤極數知來之謂占通變之謂事陰陽不測之謂神

乾坤其易之門邪乾陽也坤陰物也陰陽合德而剛柔有體以體天地之撰以通神明之德乾坤其易之蘊邪乾坤成列而易立乎其中矣乾坤毀則無以見易易不可見則乾坤或幾乎息矣

夫易何爲者也夫易開物成務冒天下之道如斯而已者也是故聖人以通天下之志以定天下之業以斷天下之疑是故蓍之德圓而神卦之德方以知六爻之義易以貢聖人以此洗心退藏於密吉凶與民同患神以知來知以藏往數往者順知來者逆是故易逆數也是以明於天之道而察於民之故是興神物以前民用聖人以此齋戒以神明其德夫顯道神德行是故可與酬酢可與祐神矣

易其至矣乎夫易聖人所以崇德而廣業也知崇德卑崇效天卑法地天地設位而易行乎其中矣

大易彰往而察來而微顯闡幽開而當名辨物　正言斷則備矣其稱名也小其取類也大其旨遠其辭文其言曲而中其事肆而隱因貳以濟民行以明失得之報

陽卦多陰陰卦多陽其故何也陽卦奇陰卦耦其德行何也陽一君而二民君子之道也陰二君

而一民小人之道也二與四同功而異位其善不同二多譽四多懼柔之爲道不利遠者其要无咎其用柔中也三與五同功而異位三多凶五多功貴賤之等也其柔危其剛勝邪

天一地二天三地四天五地六天七地八天九地十天數五地數五五位相得而各有合天數二十有五地數三十凡天地之數五十有五此所以成變化而行鬼神也

大衍之數五十其用四十有九分而爲二以象兩掛一以象三揲之以四以象四時歸奇於扐以象閏五歲再閏故再扐而後掛

乾之策二百一十有六坤之策百四十有四凡三百有六十當期之日二篇之策萬有一千五百二十當萬物之數也是故四營而成易十有八變而成卦八卦而小成引而伸之觸類而長之天下之能事畢矣

易之爲書也不可遠爲道也屢遷變動不居周流六虛上下无常剛柔相易不可爲典要唯變所適其出入以度使內外知懼又明於憂患與故無有師保如臨父母初率其辭而揆其方既有典常苟非其人道不虛行其稱名也雜而不越於稽其類其衰世之意邪

易之爲書也廣大悉備有天道焉有人道焉有地道焉兼三才而兩之故六六者非它也三材之道也道有變動故曰爻爻有等故曰物物相雜故曰文文不當故吉凶生焉

易之爲書也原始要終以爲質也六爻相雜唯其時物也其初難知其上易知本末也初辭擬之卒成之終若夫雜物撰德辯是與非則非中爻不備噫亦要存亡吉凶則居可知矣知者觀其彖辭則思過半矣

易之興也其於中古乎作易者其有憂患乎

易之興也其當殷之末世周之盛德邪當文王與紂之事邪是故其辭危危者使平易者使傾其道甚大百物不廢懼以終始其要无咎此之謂易之道也

昔者聖人之作易也將以順性命之理是以立天之道曰陰與陽立地之道曰柔與剛立人之道曰仁與義兼三才而兩之故易六畫而成卦分陰分陽迭用柔剛故易六位而成章

昔者聖人之作易也幽贊於神明而生蓍參天兩地而倚數觀變於陰陽而立卦發揮於剛柔而生爻和順於道德而理於義窮理盡性以至於命

附：「似說卦」文

是故履德之基也謙德之柄也復德之本也恆德之固也損德之修也益德之裕也困德之辯也井德之地也巽德之制也

履和而至謙尊而光復小而於物恆雜而不厭損先難而後易長裕而不設困窮而通井居其所

而遷巽稱而隱

履以和行謙以制禮以自知恆以一德損以遠害益以興利困以寡怨井以辯義巽以行權

二三、雜卦本文並校訂（據清嘉慶江西南昌府刊十三經注疏本）

乾剛坤柔比樂師憂臨觀之義或與或求屯見而不失其居蒙雜而著震起也艮止也損益盛衰之始也大畜時也无妄災也萃聚而升不來也謙輕而豫怠也噬嗑食也賁无色也兌見而巽伏也隨无故也蠱則飭剝爛也復反也晉晝也明夷誅也井通而困相遇也咸速也恆久也渙離也節止也解緩也蹇難也睽外也家人內也否泰反其類也大壯則止遯則退也大有衆也同人親也革去故也鼎取新也小過過也中孚信也豐多故也親寡旅也離上而坎下也小畜寡也履不處也需不進也訟不親也大過顚也姤遇也柔遇剛也漸女歸待男行也頤養正也旣濟定也歸妹女之終也未濟男之窮也「夬決也剛決柔也」君子道長小人道憂也

雜卦傳：

「未濟男之窮也。夬決也，剛決柔也；居子道長，小人道憂也。」

按：序卦傳：「物不可窮也，故受之以未濟終焉。」此言「男之窮也」，最後一卦，當屬「未濟」。疑此文當作：「姤，遇也，柔遇剛也；夬，決也，剛決柔也。」亦剛柔相對。下當接以：「既濟，定也；未濟，男之窮也。」亦剛柔相對。韓康伯注：「剛柔失位，其道未濟，故曰：窮也。」下接：「君子道長，小人道憂。」正合此意，並以結全文。又：泰卦彖：「內君子而外小人，君子道長，小人道消也。」否卦彖：「內小人而外君子，小人道長，君子道消也。」亦明剛柔相對之義。則此末節全文當作：「姤，遇也；柔遇剛也；夬，決也；剛決柔也。既濟，定也，未濟男之窮也；君子道長，小人道憂也。」正反相承，方合雜卦體例。

二四、熊朋來改定雜卦錯簡

雜卦錯簡

周易雜卦皆以反對正對之卦對舉而言各有古韻可協自姤遇也以下卦不反對後儒多以意改定或違對卦之例或失古韻之音於內僅蔡氏所改定者爲可通以頤養正也接大過顛也頤與大過爲正對正定二字在小雅皆協平聲正讀爲眞與顚協既濟定也與未濟男之窮也相接定讀爲汀從上韻窮讀爲強從下韻既濟未濟爲反對歸妹女之終也漸女歸待男行也終讀爲章行讀爲杭而歸妹漸爲反對姤遇也柔遇剛也夬決也剛決柔也剛從上韻柔從下韻而夬姤爲反對於內或一句無引韻上文隨無故也咸速也大有衆也亦有此例凡錯簡處須抄出改定本誦之方見其文理音韻今錄所改定雜卦全文並附協音如左

乾剛坤柔比樂師憂臨觀之義或與或求屯見而不失其居協據蒙雜而著震起也艮止也損益盛

衰之始也大畜時（協是）也無妄災（協滓）也萃聚而升不來（協厘去聲）也謙輕而豫怠（協棣京氏怠字作治於韻亦正協）也噬嗑食也賁無色也兌見而巽伏（協闢）也隨無故也蠱則飾（或作飭）也剝爛也復反也晉晝也明夷誅（協咮晝遇二韻皆通）也井通而困相遇也咸速也恆久（協巳）也渙離（去聲）也節止也解緩也蹇難（去聲）也睽外也家人內也否泰反其類（協耒）也大壯則止遯則退也大有衆也同人親也革去故也鼎取新也小過過也（故遇新信互韻）中孚信（協申）也豐多故（協古）也親寡旅也離上而坎下（協虎）也小畜寡（協古）也履不處也需不進（協津）也訟不親也大過顛（滴音切）也頤養正（協貞）也既濟定（協汀）也未濟男之窮（協強）也歸妹女之終（協章）也漸女歸待男行（協杭）也姤遇也柔遇剛也夬決也剛決柔也君子道長小人道憂也（韻始於柔憂憂終於柔憂）

帛書六十四卦釋文與王弼本對照

帛書六十四卦釋文

䷀鍵，元亨，利貞。初九，浸龍勿用。九二，見龍在田，利見大人。九三，君子終日鍵鍵，夕泥若厲，无咎。九四，或鯩在淵，无咎。九五，罪龍在天，利見大人。尚九，抗龍有悔。迵九，見群龍无首，吉。

䷋婦之非人，不利君子貞，大往小來。初六，友茅，茹以其胃，貞吉，亨。六二，枹承，小人吉，大人不，亨。

王弼本周易

䷀乾，元亨利貞。初九，潛龍勿用。九二，見龍在田，利見大人。九三，君子終日乾乾，夕惕若厲，无咎。九四，或躍在淵，无咎。九五，飛龍在天，利見大人。上九，亢龍有悔。用九，見群龍无首，吉。

䷋否之匪人，不利君子貞，大往小來。初六，拔茅，茹以其彙，貞吉，亨。六二，包承，小人吉，大人否，亨。

六三，枹憂。九四，有命，无咎，
檮羅齒。九五，休婦，大人吉。其亡
其亡，繫於枹桑。尚九，頃婦，先不
後喜。

䷠掾，亨，小利貞。初六，掾尾厲，勿
用有攸往。六二，共之用黃失之勒，
莫之勝奪。九三，爲掾，有疾厲。畜
僕妾吉。九四，好掾，君子吉，小人
不。九五，嘉掾，貞吉。尚九，肥
掾，先不利。

䷉禮虎尾，不眞人，亨。初九，錯禮，
往无咎。九二，禮道亶亶，幽人貞
吉。六三，眇能視，跛能利，禮虎
尾，眞人，兇。武人迵于大君。九

六三，包羞。九四，有命，无咎，疇
離祉。九五，休否，大人吉。其亡其
亡，繫於苞桑。上九，傾否，先否後
喜。

䷠遯，亨，小利貞。初六，遯尾厲，勿
用有攸往。六二，執之用黃牛之革，
莫之勝說。九三，係遯，有疾厲。畜
臣妾吉。九四，好遯，君子吉，小人
否。九五，嘉遯，貞吉。上九，肥
遯，无不利。

䷉履虎尾，不咥人，亨。初九，素履，
往无咎。九二，履道坦坦，幽人貞
吉。六三，眇能視，跛能履，履虎
尾，咥人凶。武人爲于大君。九四，

四，禮虎尾。朔朔，終吉。九五，夬禮，貞厲。尚九，視禮，巧翔其瞿，元吉。

䷅訟，有復，洫寧，克吉，冬兇。利用見大人，不利涉大川。初六，不永所事，少有言，冬吉。九二，不克訟，歸而逋，其邑人三百戶，無省。六三，食舊德，貞厲。或從王事，無成。九四，不克訟，復即命，俞安，貞吉。九五，訟，元吉。尚九，或賜之般帶，終朝三搋之。

䷌同人於野，亨。利涉大川，利君子貞。初九，同人于門，无咎。六二，同人于宗，閵。九三，服容[redacted]莽，

履虎尾，愬愬，終吉。九五，夬履，貞厲。上九，視履，考祥，其旋，元吉。夬履考祥，其旋元吉。

䷅訟，有孚，窒惕，中吉，終凶。利見大人，不利涉大川。初六，不永所事，小有言，終吉。九二，不克訟歸而逋，其邑人三百戶，无眚。六三，食舊德，貞厲，終吉。或從王事，无成。九四，不克訟，復即命，渝，安貞吉。九五，訟，元吉。上九，或錫之鞶帶，終朝三褫之。

䷌同人于野，亨。利涉大川，利君子貞。初九，同人于門，无咎。六二，同人于宗，吝。九三，伏戎于莽，升

登其高□，三歲不興。□□，□□庸，弗克攻，吉。九五，同人，先號桃後芺，大師克相遇。尚九，同人於茭，无悔。

䷘无孟，元亨，利貞。非正有眚，不利有攸往。初九，无孟，往吉。六二，不耕穫，不菑餘，利□□往。六三，无□□□，或擊□，□□之得，邑人之茲。九四，可貞，无咎。九五，无孟之疾，勿樂有喜。尚九，无孟之行，有眚，无攸利。

䷫□，女壯，勿用取女。初六，擊

其高陵，三歲不興。九四，乘其墉，弗克，攻，吉。九五，同人先號咷而後笑，大師克相遇。上九，同人于郊，无悔。

䷘无妄，元亨，利貞。其匪正有眚，不利有攸往。初九，无妄往，吉。六二，不耕穫，不菑畬，則利有攸往。六三，无妄之災，或繫之牛，行人之得，邑人之災。九四，可貞，无咎。九五，无妄之疾，勿藥有喜。上九，无妄行，有眚，无攸利。

䷫姤，女壯，勿用取女。初六，繫于金

于金梯，貞吉。有攸往，見兇。羸豨復適屬。九二，枹有魚，无咎，不利賓。九三，□□□□，□□□□□。□，□□□咎。九四，枹无魚，正兇。五五，以忌枹苽，含章，或塤自天。尚九，狗其角，閵，无咎。

柅，貞吉。有攸往見凶，羸豕孚蹢躅。九二，包有魚，无咎，不利賓。九三，臀無膚，其行次且，厲，无大咎。九四，包無魚，起凶。九五，以杞包瓜，含章，有隕自天。上九，姤其角，吝，无咎。

䷳根其北，不濩其身，行其廷，不見其人，无咎。初六，根其止，无咎，利永貞。六二，根其肥，不登其隨，其心不快。九□，□□□，戾其肥，厲薰心。六四，根其躳。六五，根其胶，言有序，悔亡。尚九，敦根，吉。

䷳艮其背，不獲其身，行其庭，不見其人，无咎。初六，艮其趾，无咎，利永貞。六二，艮其腓，不拯其隨，其心不快。九三，艮其限，列其夤，厲薰心。六四，艮其身，无咎。六五，艮其輔，言有序，悔亡。上九，敦艮，吉。

䷙泰蓄，利貞。不家食，吉。利涉大川。初九，有厲，利已。九二，車說緮。九三，良馬遂，利根貞。曰闌車【　】，利有攸往。六四，童牛之鞫，元吉。六五，哭豨之牙，吉。尙九，何天之瞿，亨。

䷖剝，不利有攸往。初六，剝臧以足，擯貞，兇。六二，剝臧以辯，擯貞，兇。六三，剝无咎。六四，剝臧以膚，兇。六五，貫魚，食宮人籠，无不利。尙九，石果不食，君子得車，小人剝蘆。

䷨損，有復，元吉，无咎。可貞，【　】有攸往。㐫之用二巧，可用芳。

䷙大畜，利貞。不家食，吉。利涉大川。初九，有厲，利已。九二，輿說輹。九三，良馬逐，利艱貞，曰閑輿衛，利有攸往。六四，童牛之牿，元吉。六五，豶豕之牙，吉。上九，何天之衢，亨。

䷖剝，不利有攸往。初六，剝牀以足，蔑貞凶。六二，剝牀以辨，蔑貞凶。六三，剝之无咎。六四，剝牀以膚，凶。六五，貫魚以宮人寵，无不利。上九，碩果不食，君子得輿，小人剝廬。

䷨損，有孚，元吉，无咎，可貞，利有攸往，曷之用二簋，可用亨。初九，初九，已事端往，无咎，酌損之。九二，利貞，正兇，弗損，益之。六三，三人行則損一人，一人行則得其友。六四，損其疾，事端有喜，无咎。六五，益之，十傰之龜弗克回，元吉。尚九，弗損，益之，无■，貞吉，有攸往。得僕无家。

䷃■，■。■■求童蒙，童蒙求我。初筮吉，再參擅，擅即即不吉。利貞。初六，廢蒙，利用刑人，用說桎梏，已往閵。九二，枹蒙吉，入婦吉，子克家。六三，勿用取■，■■夫，不有䠞，无攸利。■■，■蒙，閵。

己事遄往，无咎，酌損之。九二，利貞。征凶，弗損益之。六三，三行人則損一人，一人行則得其友。六四，損其疾，使遄有喜，无咎。六五，或益之十朋之龜，弗克違，无吉，上九，弗損益之，无咎。貞吉，利有攸往。得臣无家。

䷃蒙，亨。匪我求童蒙，童蒙求我。初筮告，再三瀆，瀆則不告。利貞。初六，發蒙，利用刑人，用說桎梏，以往吝。九二，包蒙吉，納婦吉，子克家。六三，勿用取女，見金夫，不有躬，無攸利。六四，困蒙，吝。六五，童蒙，吉。上九，擊蒙，不利爲

六五，童蒙，□。□□，□□，□□□□，
利所寇。

䷕□□，□，□□有
攸往。□□□，□□□□，
舍車而徒。六二，縈其□。九三，
縈茹濡如，永貞吉。六四，
縈茹蕃茹，白馬駼茹，非寇閩詬。六
五，縈于□□□，□白戔戔，
閵，終□。□□□，□
□，□咎。

䷚□□□，□□□。□
□，□□口實。初九，舍
而靈龜，□我摳頤，凶。六二，

寇，利禦寇。

䷕賁，亨，小利有攸往。初九，賁其
趾，舍車而徒。六二，賁其須。九
三，賁如濡如，永貞吉。六四，賁如
皤如，白馬翰茹，匪寇婚媾。六五，
賁于丘園，束帛戔戔，吝，終吉。上
九，白賁，无咎。

䷚頤，貞吉，觀頤自求口實。初九，舍
爾靈龜，觀我朵頤，凶。六二，曰顛
頤，拂經，于丘頤。征凶。六三，拂

曰顛頤，拂經，于北頤。正凶。六
三，拂頤，貞凶。十年勿用，無攸
利。六四，顛頤，吉。虎視沈沈，其
容笛笛，无咎。六□，□□，
居貞吉。□□□□川。
□□，□□，□
□，□涉大川。

䷑箇，□吉，亨。利涉大川。先甲
三日，後甲三日。初六，榦父之箇，
有子巧，无咎，厲終吉，□
□，榦母之箇，不可貞。九三，
榦父之箇，少有悔，無大咎。六四，
浴父之箇，往見閵。六五，榦父之
箇，用輿。尚九，不事王侯，高尚其

頤，貞凶，十年勿用，无攸利。六
四，顛頤，吉。虎視眈眈，其欲逐
逐，无咎。六五，拂經，居貞吉，不
可涉大川。上九，由頤，厲吉，利涉
大川。

䷑蠱，元亨。利涉大川，先甲三日，後
甲三日。初六，幹父之蠱，有子考无
咎，厲終吉。九二，幹母之蠱，不可
貞。九三，幹父之蠱，小有悔，无大
咎。六四，裕父之蠱，往見吝。六
五，幹父之蠱，用譽。上九，不事王
侯，高尚其事。

德，兇。

䷜習贛，有復，嶲心，亨，行有尚。初六，習贛，人贛閻，凶。九二，贛有訦，求少得。六三，來之贛贛，噞且訦。人□贛閻，□□。六四，奠酒，巧訦，用缶，人葯自牖，終无咎。九五，贛不盈，塭既平，无咎。尚六，系用諱纆，親之于總勒，三歲弗得，兇。

䷄襦，有復，光亨，貞吉。利涉大川。初九，襦于茭，利用恆，无咎。九二，襦于沙，少有言，冬吉。□三，襦于泥，致寇至。六四，襦于血，出自穴。九五，襦于酒食，貞

䷜習坎，有孚維心，亨，行有尙。初六，習坎，入于坎窞，凶。九二，坎有險，求小得。六三，來之坎坎，險且枕，入于坎窞，勿用。六四，樽酒簋，貳用缶，納約自牖，終无咎。九五，坎不盈，祇既平，无咎。上六，係用徽纆，寘于叢棘，三歲不得，凶。

䷄需，有孚，光亨。貞吉。利涉大川。初九，需于郊，利用恆，无咎。九二，需于沙，小有言，終吉。九三，需于泥，致寇至。六四，需于血，出自穴。九五，需于酒食，貞吉。上

吉。尙六，人于穴，有不楚客三人來，敬之，終吉。

䷇比，吉。原筮，元永貞，无咎。不寧方來，後夫兇。初六，有復，比之，无咎。有復盈缶，冬來或池，吉。六二，比之□□，貞吉。六三，比之非人。六四，外比之，貞吉。九五，顯比。王用三驅，失前禽，邑人不戒，吉。尙六，比无首，兇。

䷦蹇，利西南，不利東北。利見大人。貞吉。初六，往蹇來輿。六二，王僕蹇蹇，非□之故。□□，□□□□。□□，往蹇來連。九五，大蹇倗來。尙六，

六，入于穴，有不速之客三人來，敬之，終吉。

䷇比，吉。原筮，元永貞，无咎。不寧方來，後夫凶。初六，有孚，比之无咎，有孚盈缶，終來有它，吉。六二，比之自內，貞吉。六三，比之匪人。六四，外比之，貞吉。九五，顯比，王用三驅，失前禽，邑人不誡，吉。上六，比之无首，凶。

䷦蹇，利西南，不利東北。利見大人。貞吉。初六，往蹇來譽。六二，王臣蹇蹇，匪躬之故。九三，往蹇來反。六四，往蹇來連。九五，大蹇朋來。上六，往蹇來碩，吉，利見大人。

往蹇來石，吉，利見大人。

䷻節，亨。枯節，不可貞。初九，不出戶牖，无咎。九二，不出門廷，凶。六三，不節若，則□□，□咎。六四，□□，□。□□，□□，吉，往得尚。尚六，枯節，貞凶。悔亡。

䷾既濟，亨。小利貞。初吉，冬乳。初九，抴其綸，濡其尾，无咎。六二，婦亡其發，勿遂，七日得。□□，高宗伐鬼方，三年克之，小人勿用。六四，襦有衣茹，冬日戒。九五，東鄰殺牛以祭，不若西鄰之濯祭，實受其福，吉。尚六，濡其首，

䷻節，亨。苦節，不可貞。初九，不出戶庭，无咎。九二，不出門庭，凶。六三，不節若，則嗟若，无咎。六四，安節，亨。九五，甘節，吉，往有尚。上六，苦節，貞凶，悔亡。

䷾既濟，亨。小利貞。初吉終亂。初九，曳其輪，濡其尾，无咎。六二，婦喪其茀，勿逐，七日得。九三，高宗伐鬼方，三年克之，小人勿用。六四，繻有衣袽，終日戒。九五，東鄰殺牛，不如西鄰之禴祭，實受其福。上六，濡其首，厲。

厲。
䷂屯，元亨，利貞。勿用有攸往，利律矦。初九，半遠，利居貞，利建矦。六二，屯如壇如，乘馬煩如，非寇閩厚。〔　〕子貞不字，十年乃字。六三，即鹿毋華，唯人于林中，君子幾不如舍，往吝。六四，乘馬〔　〕如，求閩厚，往吉，无不利。九五，屯其膏，小貞吉，大貞凶。尚六，乘馬煩如，汲血漣如。

䷯井，茝邑不茝井，无亡无得。往來井井，汽至亦未汲井，纍其刑垪，凶。初六，井泥不食，舊井无禽。九二，井瀆射付，唯敝句。九三，井迣不

䷂屯，元亨，利貞。勿用有攸往。利建侯。初九，磐桓，利居貞，利建侯。六二，屯如邅如，乘馬班如，匪寇婚媾。女子貞不字，十年乃字。六三，即鹿无虞，惟入于林中，君子幾不如舍，往吝。六四，乘馬班如，求婚媾，往吉，无不利。九五，屯其膏，小貞吉，大貞凶。上六，乘馬班如，泣血漣如。

䷯井，改邑不改井，无喪无得。往來井井，汽至亦未繘井。羸其瓶，凶。初六，井泥不食，舊井无禽。九二，井谷射鮒，甕敝漏。九三，井渫不食，

食，爲我心塞，可用汲，王明並受其福。六四，井椒，无咎。九五，井戾寒湶，食。尚六，井收，勿幕，有復，元吉。

䷲辰，亨。辰來朔朔，芺言亞亞，辰敬百里，不亡鈚觴。初九，辰來朔朔，後芺〔　〕啞啞，，吉。六二，辰來厲，意亡貝，齎于九陵，勿遂七日得。六三，辰疏疏，辰行無省。九四，辰遂泥，六五，辰往來厲，意无亡，有事。尚六，辰昔昔，視懼懼，正凶。辰不于其躳，于其鄰，往无咎，閩詬有言。

䷡泰壯，利貞。初九，壯于止，正凶，

爲我心惻。可用汲，王明並受其福。六四，井甃，无咎。九五，井洌寒泉食。上六，井收，勿幕，有孚，元吉。

䷲震，亨，震來虩虩，笑言啞啞，震驚百里。不喪匕鬯。初九，震來虩虩，後笑言啞啞，吉。六二，震來厲，億喪貝，躋于九陵，勿逐七日得。六三，震蘇蘇，震行無眚。九四，震遂泥。六五震往來厲，億无喪有事。上六，震索索，視矍矍，征凶。震不于其躬，于其鄰，无咎，婚媾有言。

䷡大壯，利貞。初九，壯于趾，征凶，

有復。九二，貞吉。九三，小人用壯，君子用亡，貞厲。羝羊觸藩，羸其角。九四，貞吉，悔亡。墦块不羸，壯于泰車之緮。六五，亡羊于易，无悔。尚六，羝羊觸藩，不能退，不能遂，無攸利，根則吉。

䷏餘，利建矦，行師。初六，鳴餘，凶。六二，疥于石，不終日，貞吉。六三，杅餘，悔，遲有悔。九四，允餘，大有得，勿疑，傰甲讒。六五，貞疾，恆不死。尚六，冥餘成，或諭，无咎。

䷽少過，亨，利貞。可小事，不可大事。翡鳥遺之音，不宜上，宜下。泰

有孚。九二，貞吉。九三，小人用壯，君子用罔，貞厲，羝羊觸藩，羸其角。九四，貞吉，悔亡。藩決不羸，壯于大輿之輹。六五，喪羊于易，無悔。上六，羝羊觸藩，不能退，不能遂，無攸利，艱則吉。

䷏豫，利建侯，行師。初六，鳴豫，凶。六二，介于石，不終日，貞吉。六三，盱豫，悔，遲有悔。九四，由豫，大有得，勿疑朋盍簪。六五，貞疾，恆不死。上六，冥豫，成有渝，无咎。

䷽小過，亨，利貞。可小事，不可大事。飛鳥遺之音，不宜上，宜下。大

吉。初六，翡鳥以凶。六二，過其祖，愚其比，不及其君，愚其僕，无咎。九三，弗過仿之，從或臧之，凶。九四，无咎，弗過愚之，往厲必革，勿用永貞。六五，密雲不雨，自我西茭，公射取皮在穴。尚六，弗愚過之，翡鳥羅之，凶。是謂茲省。

䷵歸妹，正凶，無攸利。初九，歸妹以弟，跛能利，正吉。九二，眇能視，利幽人貞。六三，歸妹以嬬，■■歸以弟。六四，歸妹衍期，遲歸有時。六五，帝乙歸妹，其君之袂不若其弟之快良。日月既望，吉。尚六，女承筐无實，士刲羊無血，无攸利。

吉。初六，飛鳥以凶。六二，過其祖，遇其妣，不及其君，遇其臣，无咎。九三，弗過防之，從或戕之，凶。九四，无咎，弗過遇之，往厲必戒，勿用永貞。六五，密雲不雨，自我西郊，公弋取彼在穴。上六，弗遇過之，飛鳥離之，凶，是謂災眚。

䷵歸妹，征凶，無攸利。初九，歸妹以娣，跛能履，征吉。九二，眇能視，利幽人之貞。六三，歸妹以須，反歸以娣。九四，歸妹愆期，遲歸有時。六五，帝乙歸妹，其君之袂不如其娣之袂良，月幾望，吉。上六，女承筐无實，士刲羊无血，无攸利。

宿吉。初六，无咎。九二，田
獲三狐，得□□，□
□。□□，□且乘，致
寇至，貞閵。九四，解其栂，傰至
此復。六五，君子唯有解，吉。有復
于小人。尙六，公用射敻於高庸之
上，獲之，无不利。

䷶豐，亨，王叚之，勿憂，宜日中。初
九，禺其肥主，唯旬，无咎，往有
尙。六二，豐其剖，日中見斗，往得
疑□，有復，洫若。九三，豐其
薠，日中見茉折其右弓，无咎。九
四，豐其剖，日中見斗，禺其夷主，

䷧解，利西南，無所往，其來復吉，有
攸往，夙吉。初六，无咎。九二，田
獲三狐，得黃矢，貞吉。六三，負且
乘，致寇至，貞吝。九四，解而拇，
朋至斯孚。六五，君子維有解，吉，
有孚于小人。上六，公用射隼于高墉
之上，獲之，无不利。

䷶豐，亨，王假之，勿憂，宜日中。初
九，遇其配主，雖旬无咎，往有尙。
六二，豐其蔀，日中見斗，往得疑
疾，有孚，發若，吉。九三，豐其
沛，日中見沬，折其右肱，无咎。九
四，豐其蔀，日中見斗，遇其夷主，

吉。六五，來章有慶舉，吉。尚六，豐其屋，剖其家，閨其戶，哭其無人，三歲不遂，兇。

䷟恆，亨，无咎，利貞。利有攸往。初六，夐恆，貞凶，无攸利。九二，悔亡。九三，不恆其德，或承之羞，貞閵。九四，田无禽。六五，恆其德，貞婦人■，夫子凶。尚六，夐恆，兇。

䷁川，元亨，利牝馬之貞。君子有攸往，先迷，後得主，利。西南得朋，東北亡朋，安貞吉。初六，禮霜，堅冰至。六二，直方大，不習无不利。六三，合章可貞，或從王事，無

吉，六五，來章有慶譽，吉。上六，豐其屋，蔀其家，闚其戶，闃其無人，三歲不覿，凶。

䷟恆，亨，无咎。利貞，利有攸往。初六，浚恆，貞凶，无攸利。九二，悔亡。九三，不恆其德，或承之羞，貞吝。九四，田无禽。六五，恆其德，貞婦人吉，夫子凶。上六，振恆，凶。

䷁坤，元亨，利牝馬之貞。君子有攸往，先迷後得主，利，西南得朋，東北喪朋。安貞吉。初六，履霜，堅冰至。六二，直方大，不習无不利，六三，含章可貞。或從王事，無成有終。六四，括

■有終。■■，■■，
■■■■。六五，黃常元吉。
尙六，龍戰于野，其血玄黃。迵六，利
永貞。

䷊■■■■，■■■■■■，
■■■。■■■，茇茅，茹
以其胃，■吉。九二，枹妄，用
馮河，不騢遺弗忘，得尙于中行。九
三，無平不波，無往不復，根■，
■■■。■■■其復，于食
■■■。■■■，■■
■■，不富以■■■，■■
■■■■■。■■■帝乙
歸妹，以齒，■■■。尙六，城

囊，无咎無譽。六五，黃裳，元吉，上
六，龍戰于野，其血玄黃。用六，利永
貞。

䷊泰，小往大來，吉，亨。初九，拔茅
茹以其彙，征吉。九二，包荒用馮
河，不遐遺朋亡，得尙于中行。九
三，無平不陂，無往不復，艱貞无
咎，勿恤其孚，于食有福。六四，翩
翩不富以其鄰，不戒以孚。六五，帝
乙歸妹以祉，元吉。上六，城復于
隍，勿用師，自邑告命，貞吝。

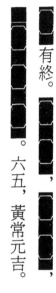

復于湟，■■用師。自邑告
命，貞閵。

䷎■，■，■子有終。初六，
嗛嗛君子，用涉大川，吉。六二，鳴
嗛，貞吉。九三，勞嗛君子有終，
吉。六四，無不利譌嗛。六五，不富
以其鄰，■■■■，
■不利。尚六，鳴■，■
■■■，■■■■。

䷒■，■■，利貞，至于八
月有■。初九，禁林，貞吉。九
二，禁林，吉，无不利。六三，甘
林，无攸利，既憂之，无咎。六四，
至林，无咎。■五，知林，大

䷎謙，亨，君子有終。初六，謙謙君
子，用涉大川，吉。六二，鳴謙，貞
吉。九三，勞謙，君子有終，吉。六
四，无不利，撝謙。六五，不富以其
鄰，利用侵伐，无不利。上六，鳴
謙，利用行師，征邑國。

䷒臨，元亨，利貞。至于八月有凶。初
九，咸臨，貞吉。九二，咸臨，吉，
无不利。六三，甘臨，无攸利，既憂
之，无咎。六四，至臨，无咎，六
五，知臨，大君之宜，吉。上六，敦

□□□□，□。□□，敦林，吉，无咎。

䷆□，□□人吉，无咎。初六，師出以律，不臧兇。九二，在師中吉，无咎。王三湯命。六三，師或與尿，兇。六四，師左次，无咎。六五，田有禽，利執言，无咎。長子率師，弟小輿尿，貞凶。尚六。大人君有命，啓國承家，小人勿□。

䷣明夷，利根貞。初九，明夷于蜚，垂其左翼。君子于行，三日不食。有攸往，主人有言。六二，明夷，夷于左股，用撜馬牀，吉。九三，明夷，夷于南守，得其大首，不可疾。貞。六

臨，吉，无咎。

䷆師，貞，丈人吉，无咎。初六，師出以律，否臧凶。九二，在師中吉，无咎，王三錫命。六三，師或輿尸，凶。六四，師左次，无咎。六五，田有禽，利執言，无咎。長子帥師，弟子輿尸，貞凶。上六，大君有命，開國承家，小人勿用。

䷣明夷，利艱貞。初九，明夷于飛，垂其翼。君子于行，三日不食。有攸往，主人有言。六二，明夷，夷于左股，用拯馬壯吉。九三，明夷，于南狩，得其大首，不可疾貞。六四，入

四，明夷，夷于左腹，獲明夷之心，
于出門廷。六五，箕子之明夷，利
貞。尚六，不明海，初登于天，後人
于地。

䷗復，亨。出人无疾，堋來无咎。反復
其道，七日來復。利有攸往。初九，
不遠復，無禔悔，无吉。六二，休
復，□。六三，編復，厲，无咎。
六四，中行獨復。六五，敦復，無
悔。尚六，迷復，兇。有茲省，用行
師，終有大敗。以其國君，凶。至十
年弗克正。

䷭登，元亨。利見大人，勿血。南正，
吉。初六，允登，大吉。九二，復乃

于左腹，獲明夷之心，于門出庭。六
五，箕子之明夷，利貞。上六，不明
晦，初登于天，後入于地。

䷗復，亨。出入无疾，朋來无咎。反復
其道，七日來復。利有攸往。初九，
不遠復，无祇悔，元吉。六二，休
復，吉。六三，頻復，厲，无咎。六
四，中行獨復。六五，敦復，无悔。
上六，迷復，凶。有災眚。用行師，
終有大敗。以其國君凶，至于十年不
克征。

䷭升，元亨。用見大人，勿恤，南征，
吉。初六，允升，大吉。九二，孚乃

利用濯，无咎。□□，登虛邑。六四，□□□□，□□，□无咎。六五，貞吉，登階。尚六，冥登，利于不息之貞。

䷹奪，亨，小利貞。初九，休奪吉。九二，評吉，悔亡。九三，來奪，兇。九四，章奪未寧，□疾有喜。九□，□于□，□□。尚六，景奪。

䷪夬，陽于王廷。復號有厲。告自邑，不利節戎。利有攸往。初九，牀于前止，往不勝，爲咎。九二，傷號，卒夜有戎，勿血。□三，牀于頯，

利用禴，无咎。九三，升虛邑。六四，王用亨于岐山，吉，无咎。六五，貞吉，升階。上六，冥升，利于不息之貞。

䷹兌，亨。利貞。初九，和兌吉。九二，孚兌吉，悔亡。六三，來兌，凶。九四，商兌未寧，介疾有喜。九五，孚于剝，有厲。上六，引兌。

䷪夬，揚于王庭，孚號有厲，告自邑，不利即戎，利有攸往。初九，壯于前趾，往不勝，爲咎。九二，惕號，莫夜有戎，勿恤。九三，壯于頄。有

有凶。君子缺缺獨行，愚雨如濡，有
溫，无咎。九四，脤无膚，其行
郪胥，牽羊悔亡，聞言不信。九五，
莧勶缺缺，中行，无咎。尚六，无
號，冬有兇。

䷬卒，王叚于廟，利見大人，亨，利
貞。用大生，吉。利有攸往。初六，
有復不終，乃乳乃卒，若其號，一
屋于芺，勿血，往无咎。六二，引
吉，无咎。復乃利用濯。六三，
卒若䟫若，无攸利。往无咎，少閵。
九四，大吉，无咎。九五，卒有立，
无咎。非復，元永貞，悔亡。尚六，
秶𣜬涕洎，无咎。

凶。君子夬夬獨行，遇雨若濡，有
慍。无咎。九四，臀无膚，其行次
且，牽羊悔亡，聞言不信。九五，莧
陸夬夬，中行无咎。上六，无號，終
有凶。

䷬萃，亨，王假有廟，利見大人。亨，
利貞。用大牲，吉。利有攸往。初
六，有孚不終，乃亂乃萃，若號，一
握爲笑，勿恤，往无咎。六二，引
吉，无咎。孚乃利用禴。六三，萃如
嗟如，無攸利，往无咎，小吝。九
四，大吉无咎。九五，萃有位，无
咎。匪孚，元永貞，悔亡。上六，
咨涕洟，无咎。

䷞欽，亨，利貞。取女吉。初六，欽其栂。六二，欽其𨁏，凶。居吉。九三，欽其𨁏，執其隨，閵。九四，貞吉，悔亡。童童往來，傰從壐思。九五，欽其股无悔。尚六，欽其胘陝舌。

䷮困，亨。貞大人吉，无咎。有言不信。初六，辰困于株木，入于要浴，三歲不擅，凶。九二，困于酒食，絑發方來，利用芳祀，正凶。无咎。六三，困于石，號于疾莉，入于其宮，不見其妻，凶。九四，來徐，困于[ ][ ]。閵，有終。九五，貳椽，困于赤發，乃徐有說。利用芳

䷞咸，亨，利貞。取女吉。初六，咸其拇。六二，咸其腓，凶，居吉。九三，咸其股，執其隨，往吝。九四，貞吉，悔亡，憧憧往來，朋從爾思。九五，咸其脢，无悔。上六，咸其輔，頰舌。

䷮困，亨。貞大人吉，无咎，有言不信。初六，臀困于株木，入于幽谷，三歲不覿。九二，困于酒食，朱紱方來，利用亨祀，征凶，无咎。六三，困于石，據於蒺蔾，入于其宮，不見其妻，凶。九四，來徐徐，困于金車，吝，有終。九五，劓刖，困于赤紱，乃徐有說，利用祭祀。上六，困

祀。尚六，困于褐槷，於貳掾，曰
悔夷有悔，貞吉。

䷰■■，■■■復，
元亨，利貞，悔亡。初九，共用黃牛
之勸。六二，■■乃勒之，正
吉，■■。■■，■
■，貞■。■言三■，
■復。九四，悔■。有
復茝命，吉。九五，大人虎便，未占
有復。尚六，君子豹便，小人勸
■，■■。居，貞吉。

䷐隋，元亨，利貞，无咎。初九，官
或諭，貞吉，出門交有功。六二，係
小子，失丈夫。六三，係丈夫，失小

于葛藟于臲卼，曰動悔有悔，征吉。

䷰革，巳日乃孚，元亨。利貞，悔亡。
初九，鞏用黃牛之革。六二，巳日乃
革之，征吉，无咎。九三，征凶，貞
厲。革言三就有孚。九四，悔亡。有
孚改命吉。九五，大人虎變，未占，
有孚。上六，君子豹變，小人革面，
征凶。居貞吉。

䷐隨，元亨，利貞。无咎。初九，官有
渝，貞吉。出門交有功。六二，係小
子，失丈夫。六三，係丈夫，失小

子，隋有求，得。利居貞。九四，隋有獲，貞凶。有復在道，已明，何咎。九五，復于嘉，吉。尚九，枸係之，乃從巂之，王用芳于西山。

䷛泰過，楝隆，利有攸往，亨。初六，籍用白茅，无咎。九二，楛楊生荑，老夫得其女妻，無不利。九三，楝橈，凶。九四，楝隆，吉。有它，閵。九五，楛楊生華，老婦得其士夫，无咎无譽。尚九，過涉滅釘，凶，无咎。

䷝羅，利貞，亨。畜牝牛，吉。初九，禮昔然，敬之，无咎。六二，黃羅，元吉。九三，日禝之羅，不鼓垢而

子，隨有求得，利居貞。九四，隨有獲，貞凶。有孚在道，以明何咎。九五，孚于嘉，吉。上六，拘係之，乃從維之，王用亨於西山。

䷛大過，棟橈，利有攸往，亨。初六，藉用白茅，无咎。九二，枯楊生稊，老夫得其女妻，无不利。九三，棟橈凶。九四，棟隆吉，有它吝。九五，枯楊生華，老婦得其士夫，无咎無譽。上六，過涉滅頂，凶，无咎。

䷝離，利貞，亨。畜牝牛吉。初九，履錯然，敬之，无咎。六二，黃離，元吉。九三，日昃之離，不鼓缶而歌，

歌，即大絰之蹉，凶。九四，出如來如，紛如，死如，棄如。六五，出涕沱若，■蹉若，吉。尚九，王出正，有嘉折首，獲不戠，无咎。

䷍大有，元亨。初九，無交閡，非咎，根則无咎。九二，泰車以載，有攸往，无咎。九三，公用芳于天子，小人弗克。九四，■■彭，无咎。六五，闕復交如，委如，終吉。尚九，自天右之，吉，無不利。

䷢溍，康侯用賜馬蕃庶，晝日三綏。初九，縉如浚如，貞吉。悔亡，復浴，无咎。六二，溍如■如，貞吉。受■■■■，■其王母。

則大耋之嗟，凶。九四，突如，其來如，焚如，死如，棄如。六五，出涕沱若，戚嗟若，吉。上九，王用出征，有嘉折首，獲匪其醜，无咎。

䷍大有，元亨。初九，无交害匪咎，艱則无咎。九二，大車以載，有攸往，无咎。九三，公用亨于天子。小人弗克。九四，匪其彭，无咎。六五，厥孚交如威如，吉。上九，自天祐之，吉无不利。

䷢晉，康侯用錫馬蕃庶，晝日三接。初

晉，康侯用錫馬蕃庶，晝日三接。初

六，晉如摧如，貞吉。罔孚裕，无咎。六二，晉如愁如，貞吉，受茲介

六三，衆允，悔亡。九四，溍如炙鼠，貞厲。六五，悔亡，矢得勿血，往吉，无不利。尚九，溍其角，唯用伐邑，厲吉，无咎，貞閵。

☲☶旅，少亨。旅，貞吉。初六，旅瑣瑣，此其所，取火。六二，旅既次，壞其茨，得童剝，貞。九三，□□□□，□□□，□，□□。□□，□□□，□其溍斧，□心不快。六五，射雉，一矢亡，冬以舉命。尚九，鳥棼甚巢，旅人先芺後摅桃，亡牛于易，兇。

福，于其王母。六三，衆允，悔亡。九四，晉如鼫鼠，貞厲。六五，悔亡，失得，勿恤，往吉，无不利。上九，晉其角，維用伐邑，厲吉，无咎，貞吝。

☲☶旅，小亨。旅，貞吉。初六，旅瑣瑣，斯其所，取災。六二，旅即次，懷其資，得童僕貞。九三，旅焚其次，喪其童僕，貞厲。九四，旅于處，得其資斧，我心不快。六五，射雉一矢亡，終以譽命。上九，鳥焚其巢，旅人先笑後號咷，喪牛于易，凶。

乖，小事吉。初九，悔亡。亡馬勿遂，自復。見亞人，无咎。九二，无咎。九二，愚主于巷，无咎。六三，見車恝、其牛諜，其□□□□。无初，有終。九四，乖苽，愚元夫，交復，厲无咎。六五，悔亡。登宗筮膚。往何咎。尚九，乖苽，見豨負塗，載鬼一車。先張之柧，後說之壺，非寇，□厚。往愚雨即吉。

☲☵未濟，亨。小狐气涉，濡其尾，无攸利。初六，濡其尾，閵。九二，抴其綸，貞。六三，未濟，正凶，利涉大川。九四，貞吉，悔亡。□

☲☱睽，小事吉。初九，悔亡，喪馬勿逐自復，見惡人，无咎。九二，遇主於巷，无咎，六三，見輿曳，其牛掣，其人天且劓，無初有終。九四，睽孤遇元夫，交孚，厲，无咎。六五，悔亡，厥宗噬膚，往何咎。上九，睽孤見豕負塗，載鬼一車，先張之弧，後說之弧，匪寇婚媾，往遇雨則吉。

☲☵未濟，亨。小狐汔齊，濡其尾，无攸利。初六，濡其尾，吝。九二，曳其輪，貞吉。六三，未濟，征凶，利涉大川。九四，貞吉，悔亡，震用伐鬼

□□□□方，三年有商于大
國。□五，貞吉，悔亡，君子之
光。有復，吉。尚九，有復，于飲
酒，无咎。濡其首，有復，失是。

䷔□□□□，□，利用獄。初九，
句□□止，无咎。六二，筮膚
滅鼻，无咎。六三，筮腊肉，愚毒，
少閵，无咎。九四，筮乾遭，得金
矢，根貞吉。六五，筮乾肉，愚毒，
貞厲，无咎。尚九，荷校滅耳，兇。

䷱□，□□□，□。初六，
鼎塡止，利□不，得妾以其子，
无咎。九二，鼎有實，我栽有疾，不
我能節，吉。九三，鼎耳勒，其行

方，三年有賞于大國。六五，貞吉，
无悔，君子之光，有孚，吉。上九，
有孚于飲酒，无咎。濡其首，有孚失
是。

䷔噬嗑，亨。利用獄。初九，屨校滅
趾，无咎。六二，噬膚滅鼻，无咎。
六三，噬腊肉，遇毒，小吝，无咎。
九四，噬乾胏，得金矢，利艱貞，
吉。六五，噬乾肉，得黃金，貞厲，
无咎。上九，何校滅耳，凶。

䷱鼎，无吉，亨。初六，鼎顚趾，利出
否，得妾以其子，无咎。九二，鼎有
實，我仇有疾，不我能即，吉。九
三，鼎耳革，其行塞，雉膏不食，方

塞，雉膏不食，方雨■■，■■。■■，■■，■，復公苽，其刑屋，■。六五，鼎黃■■■，■■。■■，■■，■■，无不利。

䷸■■，■亨。利有攸往，利見大■。初六，進內，利武人之貞。九二，筭在牀下，用使巫，忿若，吉，无咎。九三，編筭，閵。六四，悔亡，田獲三品。九五，貞吉，悔亡，無不利，無■有終。先庚三■，後庚三日，吉。尚九，筭在牀下，亡其溍斧，貞凶。

雨虧悔，終吉。九四，鼎折足，覆公餗，其形渥，凶。六五，鼎黃耳，金鉉，利貞。上九，鼎玉鉉，大吉。无不利。

䷸巽，小亨。利有攸往，利見大人。初六，進退，利武人之貞。九二，巽在牀下，用史巫紛若，吉，无咎。九三，頻巽，吝。六四，悔亡，田獲三品。九五，貞吉，悔亡，无不利，無初有終，先庚三日，後庚三日，吉。上九，巽在牀下，喪其資斧，貞凶。

䷈少埶，亨。密雲不雨，自我西茭。初九，復自道，何其咎，吉。九二，堅復，吉。九三，車說緮，夫妻反目。六四，有復，血去湯〔 〕，无咎。九五，有復𢑽如，富以其鄰。尚九，既雨既處，尚得載，女貞厲。月幾朢，君小正，兇。

䷓觀，盥而不尊，有復□若。初六，童觀，小人无咎，君子閵。六二，凶觀，利女貞。六三，觀我生，進退。六四，觀國之光，〔 〕用賓于王。九五，觀我生，君子无咎。尚九，觀其生，君子无咎。

䷴漸，女歸吉，利貞。初六，鳿漸于

䷈小畜，亨。密雲不雨，自我西郊。初九，復自道，何其咎，吉。九二，牽復，吉。九三，輿說輻，夫妻反目。六四，有孚，血去，惕出，无咎。九五，有孚攣如，富以其鄰。上九，既雨既處，尚德載，婦貞厲，用幾望，君子征，凶。

䷓觀，盥而不薦，有孚顒若。初六，童觀，小人无咎，君子吝。六二，闚觀，利女貞。六三，觀我生，進退。六四，觀國之光，利用賓于王。九五，觀我生，君子无咎。上九，觀其生，君子无咎。

䷴漸，女歸吉，利貞。初六，鴻漸于

淵，小子癘，有言，无咎。六二，鳴漸於坂，酒食衍衍，吉。九三，鳴漸於陸，□□□□復，婦繩不□，凶，利所寇。六四，鳴漸于木，或直其寇，毅，无咎。九五，鳴漸于陵，婦三歲不繩，終莫之勝，吉。尙九，鳴漸于陸，其羽可用爲宜，吉。

䷼中復，豚魚吉。和涉大川，利貞。初九，抒吉，有它不寧。九二，鳴鶴在陰，其子和之。□□□□□，□□□□羸□。□□□，□□□，或鼓或皮，或汲或歌。六四，月既望，馬必

干，小子厲，有言，无咎。六二，鴻漸于磐，飲食衎衎，吉。九三，鴻漸于陸，夫征不復，婦孕不育，凶，利禦寇。六四，鴻漸于木，或得其桷，无咎。九五，鴻漸于陵，婦三歲不孕，終莫之勝，吉。上九，鴻漸于陸，其羽可用爲儀，吉。

䷼中孚。豚魚吉。利涉大川，利貞。初九，虞吉，有它不燕。九二，鳴鶴在陰，其子和之，我有好爵，吾與爾靡之。六三，得敵，或鼓或罷，或泣或歌。六四，月幾望，馬匹亡，无咎。九五，有孚攣如，无咎。上九，翰音

亡，无咎。九五，有復論如，无咎。
尚九，𩣺音登于天，貞凶。
䷺渙，亨，王叚于廟。利涉大川，利貞。初六，撜馬，吉。悔亡。九二，渙賁其階，悔亡。六三，渙其躳，无咎。九四，渙其群，元吉。渙■■■，■娣所思。九五，渙其肝大號。渙王居无咎。尚九，渙其血去湯出。
䷤家人，利女貞。初九，門有家，悔亡。六二，無攸遂，在中貴，貞吉。九三，家人樂樂，悔厲吉。婦子裏裏，終閵。六四，富家，大吉。九五，王叚有家，勿血，往吉。尚九，

登于天，貞凶。
䷺渙，亨，王假有廟。利涉大川，利貞。初六，用拯馬，壯吉。九二，渙奔其机，悔亡。六三，渙其躬，無悔。六四，渙其群，元吉。渙有丘，匪夷所思。九五，渙汗其大號。渙王君，无咎。上九，渙其血去，逖出，无咎。
䷤家人，利女貞。初九，閑有家，悔亡。六二，无攸遂，在中饋，貞吉。九三，家人嗃嗃，悔，厲吉。婦子嘻嘻，終吝。六四，富家，大吉。九五，王假有家，勿恤，吉。上九，有

有復，委如，終吉。

䷩益，利用攸往，利涉大川。初九，利用爲大作，元吉，无咎。九二，或益之十傰之龜，弗亨回，永貞吉。王用芳于帝，吉。六三，益之，用工事，无咎。有復中行，告公用閨。六四，中行告公從，利用爲家遷國。九五，有復惠心，勿問，元吉。有復惠我德。尚九，莫益之，或擊之，立心勿恆，兇。

孚威如，終吉。

䷩益，利有攸往。利涉大川。初九，利用爲大作，元吉，无咎。六二，或益之十朋之龜，弗克違，永貞吉。王用享于帝，吉。六三，益之用凶事，无咎。有孚，中行告公用圭。六四，中行告公從，利用爲依遷國。九五，有孚惠心，勿問，元吉、有孚惠我德。上九，莫益之，或擊之，立心勿恆，凶。

附註：

〔一〕據周世榮稱：『發現書寫方面的錯誤多處，如既濟中「初九」寫成「初六」；大過中「九五」

寫成「六九」；節中的兌（☱）錯誤爲天（☰），謙中的坤（☷）又錯爲艮（☶），家人中的離（☲）錯誤爲震（☳）。」現皆依周說予以改正。

〔二〕參擯，⬢⬢⬢⬢。　表示：異體、假借、僞誤及脫落等文字。

〔三〕□□□□　表示：帛書中的闕文。

〔四〕和順於道德而理於義窮理盡性　表示錯簡和增補文字。

附錄二

帛書繫辭傳原本全文

一行上　二行上　三行上　四行上　五行上　六行上　七行上　八行上　九行上

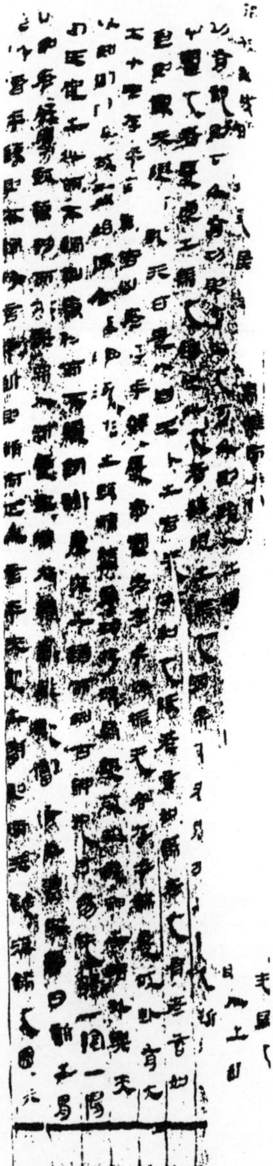

一行下　二行下　三行下　四行下　五行下　六行下　七行下　八行下　九行下

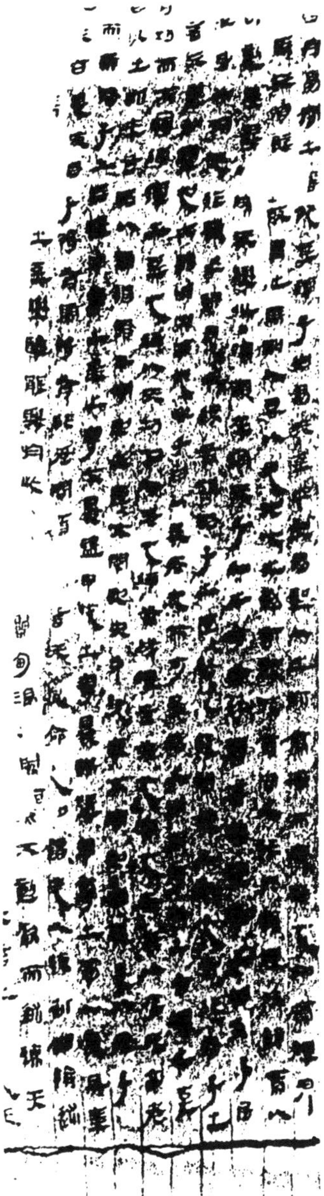

十行下　十一行下　十二行下　十三行下　十四行下　十五行下　十六行下　十七行下　十八行下　十九行下

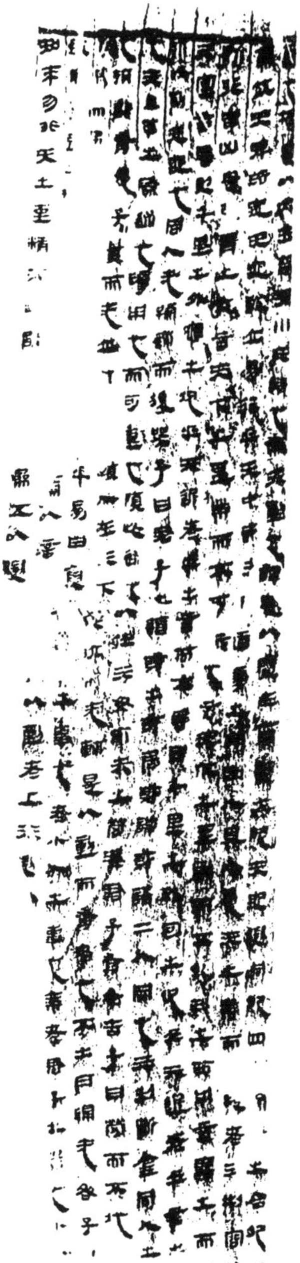

十行上　十一行上　十二行上　十三行上　十四行上　十五行上　十六行上　十七行上　十八行上　十九行上

二十行上　二十一上　二十二行上　二十三行上　二十四行上　二十五行上　二十六行上　二十七行上　二十八行上

二十行下　二十一行下　二十二行下　二十三行下　二十四行下　二十五行下　二十六行下　二十七行下　二十八行下

二十九行上　三十行上　三十一行上　三十二行上　三十三行上　三十四行上　三十五行上　三十六行上　三十七行上　三十八行上

二十九行下　三十行下　三十一行下　三十二行下　三十三行下　三十四行下　三十五行下　三十六行下　三十七行下　三十八行下

三十九行上　四十行上　四十一行上　四十二行上　四十三行上　四十四行上　四十五行上　四十六行上　四十七行上

三十九行下　四十行下　四十一行下　四十二行下　四十三行下　四十四行下　四十五行下　四十六行下

周易帛書淺說摘要

張立文

馬王堆漢墓帛書出土於一九七三年十二月。與帛書周易同時出土的有帛書老子甲乙本、戰國縱横家書、五十二病方等二十多種古書，大部已整理發表。人們久已期待的帛書周易，終於在十年後的文物一九八四年第三期（三月號）上發表了。儘管還僅是六十四卦釋文，便已引起國內、外易學研究和教學工作者的注意。它將促進整個易學研究的開展。二十多年前，我在著手寫周易思想研究的時候，便對周易進行注釋。「文革」後，我在中國人民大學哲學系中國哲學史教師進修班和語言文學系教師進修班講授周易。一些出版社亦相約出版。然想，既帛書周易已出土，未見帛書周易，而僅據通行本周易注釋，總覺不妥。馬王堆帛書六十四卦釋文發表後，便參考舊稿，重新整理，奮力一年有餘，而成周易帛書注譯。現作一些簡要說明。

長沙馬王堆第三號漢墓出土的帛書周易，帛幅高約四十八釐米，寬約八十五釐米，墨書，摺疊好，放置在漆盒內。拼接復原後看出，摺疊方法是：先由卷首向卷尾對摺，後連續摺疊兩次，再上下對疊。由於年久水浸，已粘成整塊，且邊緣破損，故摺疊處文字缺損較多。雖經認眞揭取，但已斷裂成高約二十四釐米，寬約十釐米有餘(因缺損之故)的長方形殘片。上下十六片，拙接綴合，可屬讀爲周易。

帛幅卷首爲六十四卦，再接一篇佚書。摺疊後，六十四卦在裡，保存較好；佚書在外，殘破較重。六十四卦共九十三行，每滿行約六十四至八十一字不等。每卦單獨起行。卦畫標在朱絲欄行格的頂端，後卦名、卦辭、爻辭。卦辭與爻辭，爻辭與爻辭之間均點斷。卦爻辭之間亦不附彖、象、文言。不分上、下篇。緊接六十四卦的佚書，亦單獨起行。篇首朱絲欄行格的頂端有墨丁。如：卦。共三十六行。內容爲：「二三子問曰：『易屢稱於龍，龍之德何如？』孔曰：『龍大矣，龍刑……』」凡引卦爻辭之意，冠以「易曰」或「卦曰」。孔子的名寫爲重文號，或將「孔」字寫爲「乙子：」。章節間用圓點（。）分開，句子間用點點（·）隔開。篇末無標題，未記字數，暫稱之爲二三子問。

帛書繫辭篇首頂端塗有墨丁。凡四十六行，二千七百多字，比通行本字數少。于豪亮先生帛書周易云「帛書繫辭字數較通行本繫辭爲多」，則不確。其原因是把緊接繫辭之後，篇首頂端塗有墨丁，首句爲「子曰：易之義……」的佚書，作爲繫辭下篇，約四千字。其實，帛書繫辭與六十四卦同，不分上、下篇。雖孔穎達周易正義卷首論分上、下二篇云「案乾鑿度云：孔子曰：陽三陰四，位之正也。故易卦六十四，分爲上下，而象陰陽也。夫陽道純而奇，故上篇三十，所以象陽也；陰道不純而偶，故下篇三十四，所以法陰也。乾、坤者，陰陽之本始，萬物之祖宗，故爲上篇之始而尊之也。離爲日，坎爲月，日月爲道，陰陽之經，所以始終萬物，故以坎、離爲上篇之終也。咸、恒者，男女之始，夫婦之道也。人道之興，必由夫婦，所以奉承祖宗爲天地之主，故爲下篇之始而貴之也。既濟、未濟爲最終者，所以明戒愼而全王道也。以此言之，則上下二篇，文王所定，夫子作緯，以釋其義也」。然帛書周易六十四卦次序與通行本六十四卦次序大異，其旨趣亦與孔氏論分上下二篇相違。周易古本恐無上、下篇之分。帛書周易六十四卦之間亦無墨丁相隔。依帛書周易體，則不分上、下篇，帛書繫辭當亦無上、下篇之分。繫辭之後以墨丁相隔者，仍非繫辭下篇，而爲另一篇佚書，可稱之爲易之義。此其一。

其二，帛書繫辭包括通行本（王弼本、周易正義本、周易集解本，非朱熹周易本義本之分章）繫辭上的第一、二、三、四、五、六、七、九、十、十一、十二章，繫辭下的第一、二、三章，第四章的第一、二、三、四、七節，第七章「若夫雜物撰德」以後數句以及第九章，絕大部分章節已在繫辭中，僅缺繫辭上第八章「大衍之數五十……」和繫辭下第四章的幾節，第五、六章，第七章的「若夫雜物撰德」以前部分及第八章。所缺部分既有見於易之義篇，亦見之於另一篇題爲要的佚書。繫辭下第五、六章，第七章的「若夫雜物撰德」以前部分和第八章見之於易之義篇，而第四章的「子曰顏氏之子」和「易曰三人行則損一人，一人行則得其友」兩節見之於要篇。既然所缺部分見之於兩篇佚書，便不可謂易之義爲繫辭下篇。

其三，帛書繫辭內容涉及通行本繫辭上下兩篇，且上下兩篇的首尾章節均已完整，所缺僅中間的部分章節，故不能以易之義爲繫辭下篇，則帛書繫辭字數較通行本爲多，亦不能成立。由於帛書繫辭最後一行有殘缺，故有無篇題、字數，均不得考。

篇題爲要的佚書，由於篇首殘缺，故爲首朱絲欄行格的頂端有無墨丁，已無可考。篇末注明爲一千六百四十八字，殘存十八行半，一千零四十餘字。

另一篇首朱絲欄行格的頂端有墨丁（帛書周易所能見到的第四處墨丁）的，包括篇題爲繆和和昭力兩篇。首句或爲「繆和問於先生曰」，或爲「昭力問曰」。篇尾注明字數爲六千，應是兩篇的合計。內容是繆和、呂昌、吳孟、張射、李平、昭力等人與傳易者的答問。如：「易渙之九二」，「今易渙之六四」，「易歸妹之上六」等，是關於某卦爻辭含義的問答。亦涉及楚莊王（前六一三）、越王勾踐（前四九六）、吳王夫差（前四九五）、魏文侯（前四四六）的歷史事件。此篇當作於戰國中、後期，已開始把卦爻辭與歷史事件相傅會。

附錄三

帛書繫辭傳釋文

天奠(尊)地庳(卑)，鍵(乾)川(坤)定矣　庳(卑)高已陳，貴賤立(位)矣　動靜有常，剛柔斷矣　方以類冣(聚)，物以群【分，吉凶生矣　在天成象，】⊙在地成刑(形)，【變】化見矣。是【故】剛柔相靡，八卦【相蕩。鼓之以雷霆，潤之以風雨。日月運行，一寒一暑】　1行

鍵(乾)道成男，川(坤)道成女　鍵(乾)知大始，川(坤)作成物　鍵(乾)以易〈知〉，川(坤)以閒(簡)能　易則傷(易)知，間(簡)則易從　傷(易)知則有親，傷(易)從則有⊙功。有親則可久，有攻(功)則可大也。可久則賢人之德，【可大則賢人之業。易閒(簡)而天下之】　2行

理得　天下之理得而成立(位)乎其中　耶(聖)人設卦觀馬(象)，毄(繫)辭焉而明吉凶　剛柔相遂而生變化　是故吉凶也者，得失之馬(象)也。⊙悬(悔)閵(吝)也者，憂虞之馬(象)也。通變化也者，進退之馬(象)也。剛柔也者，晝夜之馬(象)也。六爻【之】　3行

動，三亟(極)之道也　是故君子之所居而安者，易之序也　所樂而妧(玩)，教(爻)之始也　君子居則觀其馬(象)而妧(玩)其辭，⊙動則觀其變而妧(玩)其占，是以自天右(祐)之，吉，無不利也。緣(彖)者，言如馬(象)者也。肴(爻)者，言如　4行

變者也　吉凶也者，言其失得也，悬閵(悔吝)也者，言如小疵也　無咎也者，言補過也　是故列貴賤【者】存乎立(位)，齊⊙大小者存乎卦，辯吉凶者存乎辭，憂悬(悔)閵(吝)者存乎分，振無咎存乎謀，是故卦有大　5行

小，辭有險易 辭者，各指其所之也 易與天地順，故能彌論天下之道 卬(仰)以觀於天文，頫(頫)以觀於地
6行 理，是⊙故知幽明之故。觀始反冬(終)，故知死生之說。精氣爲物，斿(游)魂爲變，故知鬼神之精(情)狀。與天地
相校，故不回 知周乎萬物，道齊(濟)乎天下，故不過。方行不遺，樂天知命，故不憂。安地厚乎仁，故能㤅
7行 (愛)。犯(範)⊙回(圍)天地之化而不過。曲萬物而不遺，達諸晝夜之道而知。古(故)神無方，易無體。一陰一陽
之胃(謂)道 係(繼)之者，善也 成之者，生(性)也。 仁者見之胃(謂)之仁，知(智)者見之胃(謂)知(智) 百
生(姓)日用而弗知也，故君子之道⊙鮮。耶(聖)者仁勇，鼓萬物而不與衆人同憂。盛德大業至矣幾(哉)。富有之
8行 胃(謂)大業，日新之胃(謂)
誠德 生之胃(謂)馬(象)，成馬(象)之胃(謂)鍵(乾)，教(效)法之胃(謂)川(坤)，極數知來之胃(謂)占，迵(通)
變之胃(謂)事，陰陽之胃(謂)神 夫易，廣矣大⊙矣。以言乎遠則不過，以言乎近則精而正，以言乎天地之間則
9行 備。夫鍵(乾)，其靜也圈，其
動也槒(搖)，是以大生焉。夫川(坤)，其靜也斂，其動也辟，是以廣生焉。廣大肥(配)天地，變迵(通)肥(配)四
【時】，陰【陽】之合肥(配)⊙日月，易閒(簡)之善肥(配)至德。子曰，易其至乎。夫易，耶(聖)人之崇德而廣業
10行 也。知崇體(體)卑，
崇效天，卑法地。天地設立(位)，易行乎其中。誠生(性)【存存】，道義之門。聖人具以見天之業而□疑(擬)者
(諸)其刑(形)容，以⊙馬(象)其物義，【是】故胃(謂)之馬(象)，耶(聖)人具以見天下之動而觀其會同，以行
11行 其疾(典)體(禮)，係(繫)辭焉，以
斷其吉凶，是故胃(謂)之教(爻)。言天下之至業而不可惡也，言天下之至業而不亂。知之而後言，義(議)之而⊙
12行 後動矣。義以成其變化。鳴鶴(鶴)在陰，其子和之。我有好爵，吾與壐(爾)羸之。曰：君子居
其室，言善則千里之外應之侃(况)乎其近者乎。出言而不善，則千里之外回之，侃(况)乎其近者乎。言出⊙乎身，
13行 加於民。行發乎近，見乎遠。言行，君子之區幾(樞機)，區幾(樞機)之發，營(榮)辰(辱)之鬭也。言行，君子之

所以動天地也。同人先號逃(咷)而後哭。子曰：君子之道，或出或居，或謀或語。二人同心，其利斷金，同人之
⊙言，其臭如蘭。初六，藉用白茅，无咎。子曰：苟足(措)者(諸)地而可矣。藉之用茅，何咎之有。愼之至 14行
也。夫且矛之爲述也，薄用也，而可重也。愼此述也以往，其毋所失之。勞謙，君子有冬(終)，吉。子曰：勞而
不代(伐)，⊙有功而不德，厚之至也。語以其功下人者也。德言成，體(禮)言共(恭)也。溓(謙)也者，至共(恭)
以存其立(位)者 15行
也。抗(亢)龍有悔(悔)，子曰：貴而無立(位)，【高而無民】，賢人在其下，□立(位)而無輔，是以動而有悔(悔)
也。不出戶牖，无咎。子⊙曰：亂之所生，言語以爲階，君不閉則失臣，臣不閉則失身，幾(機)事不閉則害盈，
是以君子 16行
愼閉而弗【出也。子曰：作易者，其知盜】乎？易曰：負【且乘，致寇至，負】之事也者，小人之事也。乘者，君子
之器也，小人⊙而乘君子之器，盜思奪之矣。上曼(慢)下暴，盜思伐之。曼(慢)暴謀，盜思奪之。易曰，負且乘。 17行
致寇至，盜之招也。【易有聖人之道四】焉，以言【者上(尙)其辭】，以動者上(尙)其變，以【制器者上(尙)其
象，以卜筮者】⊙上(尙)其占。是故君子將有爲，將有行者，問焉【而以】言。其受命也，如錯。無又(有)遠近
幽險，述(遂) 18行
知來勿(物)，非天〈下〉之至精，其孰能【與於此】。參五(伍)以變，【錯綜其數，通】其變，遂【成天下之文，極
其數，】⊙【遂定天下之象，非天下】之至變，誰能與於此。【易，無思也】，無爲也，【寂】然不動，欽而述達天 19行
下之故，非天下之至神，誰【能與於此】。夫易，耶(聖)人【之所以極深而】達幾也。唯深，故達天下之誠。唯
幾，【故】⊙能成天下】之務。唯神，故不疾而【速，不行而】至。【子曰，易有耶(聖)人之道四焉者，】此言之
【胃(謂)也。天 20行
一、地二、天三、地四、天五、地六、天七、地八、天九、地十。【子曰，夫易，】可(何)爲者也。夫易，古物定
命，樂天下之道，如此⊙而已者也。故耶(聖)人以達天下之志，以達【天下之業，以】斷【天下之疑。是故蓍】

21行 之德，員(圓)而神。卦
之德，方以知。六肴(爻)之義，易以工。取（聖）人以此佚心，內藏於閉，【吉凶與民】同顛(願)，神以知來，知
22行 以將往，其誰能爲⊙【於】茲。古之忈(聰)明睿知神武而不恙者也。虖是其明於天道察於民故，是閤(闔)神物以前
民用。取（聖）人以此齋戒，以神明其德夫。是故閤一(闔)一辟胃(謂)之變，往來不窮胃(謂)之⊙迵(通)，見之胃
23行 (謂)之馬(象)。刑(形)胃(謂)之器，〈制〉而用之胃(謂)之法，利用出入，民一用之胃(謂)之神。是故易有大恒，是
生兩檥(儀)，兩檥(儀)生四馬(象)，四馬(象)生八卦，八卦生吉凶，吉凶生六(大)業。是故法馬(象)莫大乎天
地，變迵(通)莫大乎四時，垂馬(象)著明，莫大⊙乎日月。榮莫大乎富貴，備物至用，位成器以爲天下利，莫大
24行 乎取(聖)人。深備錯根，枸險至遠，
定天下吉凶，定天下之勿（物）者，莫善乎蓍龜。是故天生神物，取(聖)人則之。天地變化，取(聖)人效之。天
垂馬(象)，見吉凶而⊙取(聖)人馬(象)之。河出圖，雒出書，而取(聖)人則之。易有四馬(象)，所以見也。毄
25行 (繫)辭焉，所以告也。定之以吉
凶，所以斷也。易曰：自天右(祐)之，吉，無不利。右(祐)之者，助之也。天之所助者，順也。人之所助也者，
信也。體(禮)信思乎順⊙□上(尙)賢，是以自天右(祐)之，吉，無不利也。子曰：書不盡言，言不盡意。然則取
26行 (聖)人之意，其義可見已乎？
子曰：取(聖)人之位(立)馬(象)以盡意，設卦以盡請(情)僞。毄(繫)辭焉以盡其〈言〉，變而迵(通)之以盡利。
鼓之舞之以【盡】神。鍵(乾)川(坤)，其易⊙之經與？鍵(乾)川(坤)【成】列，易位乎其中。鍵(坤)川(坤)毀則
無以見易矣。易不可見，則鍵(乾)川(坤)不可見，鍵(乾)川(坤)不可見，
27行 鍵(乾)川(坤)或幾乎息矣。是故刑(形)而上者胃(謂)之道，刑(形)而下者胃(謂)之器，爲而施之胃(謂)之變，誰
(推)而舉諸天下之民⊙胃(謂)之事業。是【故】夫馬(象)取(聖)人具以見天下之請(情)而不疑(擬)者(諸)其刑
28行 (形)容，以馬(象)其物義，是故胃(謂)之

馬(象)。耶(聖)人有以見天下之動而觀其會同，以行其疾(典)體(禮)。毄(繫)辭焉，以斷其吉凶。是故胃(謂)之
教(爻)。極天下之請(情)⊙存乎卦，鼓天下之動者，存乎辭，化而制之存乎變，誰(推)而行之存乎迵(通)，神而
化之存乎其 29行
人，謀而成，不言而信，存乎德行。八卦成列，馬(象)在其中矣。因而動之，教(爻)在其中矣。剛柔相推，變在其
中⊙矣。毄(繫)辭而齊之，動在其中矣。吉凶悬(悔)閵(吝)也者，生動乎者也。剛柔也者，立本者也，變迵(通) 30行
也者，聚者也。吉凶者，上勝者也。天地之道，上觀者，日月之行。上明者，天下之動。上觀天者也，夫鍵
(乾)，蒿然，⊙視(示)人易。川(坤)魋然，視人閒(簡)。教(爻)也者，效此者也。馬(象)也者，馬(象)此者也，
效(爻)馬(象)動乎內，吉凶見乎外，功業 31行
見乎變。耶(聖)人之請(情)見乎辭。天地之大思曰生，耶(聖)人之大費曰立(位)，何以守立(位)曰人(仁)，何以
聚人曰材，理材正⊙辭，愛民安行曰義。古者戲是(氏)之王天下也，卬(仰)則觀馬(象)於天，府(俯)則觀法於
地，觀鳥獸之文與 32行
地之義(宜)，近取諸身，遠取者(諸)物，於是始作八卦，以達神明之德，以類萬物之請(情)。作結繩而爲古
(罟)，以田以漁⊙蓋取者羅(離)也。□戲是沒，神戎(農)是(氏)作，斲木爲枱(耜)，楺(柔)木爲耒槈(耨)，槈耒
之利，以教天下，蓋【取】 33行
者(諸)益也。日中爲疾(市)，至天下之民，聚天下之貨，交易而退，各得其所欲。蓋取者(諸)筮(噬)蓋(嗑)也。
神戎(農)是(氏)沒，黃⊙帝堯舜是(氏)作，通其變，使民不亂。神而化之，使民宜之。易冬(終)則變，迵(通)則
久，是以自天右(祐)之 34行
吉無不利也。黃帝堯舜陲(垂)衣常(裳)而天下治，蓋取者(諸)鍵(乾)川(坤)也。杅(刳)木爲周(舟)，剡木而爲
楫，齎(濟)不達至(致)遠，以利⊙天下，蓋取者(諸)奐(渙)也。備牛乘馬，【引】重行遠，以利天下，蓋取者
(諸)隨也。重門擊柝，以挨(俟)挔客，蓋取 35行

余(豫)也。斷木爲杵，椈(掘)地爲臼，臼杵之利，萬民以次，蓋取者(諸)少過也。弦木爲柧(弧)，棪木爲矢，柧
(弧)矢之利，以威天【下】，⊙蓋取者(諸)誂(睽)也。上古穴居而野處，後世耶(聖)人易之以宮室，上練下楣，
以寺(待)風雨，蓋取者大莊(壯)也。【上】 36行
(象)。馬(象)也者
古之葬者，厚裹之以薪，葬諸中野，不封不樹，葬期無數。後世耶(聖人)易之以棺卓(椁)蓋取者(諸)大過也。
【上古】⊙結繩以治，【後】世耶(聖)人易之以書契，百官以治，萬民以察，蓋取者(諸)大有也。是故易也者，馬 37行
馬(象)也。緣(彖)也者，制也。肴(爻)也者，效天下之動者也，是【故】吉凶生而愍(悔)受(吝)著也。陽卦多
陰，陰卦多【陽，其何故也？陽卦】⊙奇，陰【卦耦，其德】行何也？陽，一君二民，君子之馬(象)也。易曰：
童童往【來】，崩(朋)從璽(爾)思。子曰：天下 38行
【何思何慮，天下同歸而殊途，一致而百慮，天下何思何慮？曰往則月來，月往則日來，日月相推而明生】⊙【焉。
寒往則暑來，暑往則寒來，寒暑相推而歲成焉，往者屈也，來者信(伸)也，屈信(伸)相感而利生焉。尺】 39行
【蠖之屈，以求信(伸)也。龍蛇之蟄，以存身也，精義入】神，以至(致)用。利用安身，以崇【德也。過此以往，
未之或知也。窮神】⊙【知化，德之盛也。易曰：困於石，據】於疾利(蒺蔾)，入于其宮，不見其妻，兇。子
曰：非其【所困而困焉，】名 40行
必辱，非其所勳而據焉，身必危。既辱且危，死其(期)將至，妻可得見【耶？易曰：公用射隼於高墉之上，】
⊙【獲之，無不利。子曰：】隼者，禽也。弓矢者，器也。射之者，人也。君子臧器於身，待者而童(動)，何 41行
不利之又(有)？動而不矰，是以出而又(有)獲也。言舉成器而動者也。子曰：小人【不耻不仁，不畏不義，不見
利】⊙【不勸，不】畏不諫(懲)【小】諫(懲)而大戒，小人之福也。易曰：構校滅止(趾)，無咎也者，此之胃
(謂)也。善不責(積)不足以 42行
成名，惡不責(積)不足以滅身。小人以小善爲無益也而弗爲也，以小惡【爲無傷而弗去也，故惡責(積)而不】

⊙【可】蓋也，罪大而不可解也。易曰：何校滅耳，凶。君子見幾而作，不位冬(終)日，易曰：介于石， 43行
不冬(終)【日，貞吉。介于石，毋用冬(終日)，斷可識矣。君子知物知章，知柔】知剛，萬夫之望。若夫雜物撰
德】⊙【辨】是與非，則下中教(爻)不備。初，大要。存亡吉凶則將可知矣。鍵(乾)，德行恒易，以知險。夫川
(坤)， 44行
魋然，天下【之至】順也。德行恆間(簡)，以知【阻】。能說之心，能數諸慮(侯)之【慮，定天下之吉凶，成天
下之勿勿者。是故】⊙變化具爲，吉事又(有)羊(祥)。馬(象)事知器，筭(算)事知來。天地設馬(象)，耶(聖)人
成能，人謀鬼謀，百姓與能。八 45行
卦以馬(象)告也。教(爻)順以論語，剛柔襍處，吉【凶】可識。動作以利言，吉凶以請(情)遷，是故愛惡相
攻，【而吉凶生，】⊙遠近相取，【而𢙐(悔)吝生】，請(情)僞相欽而利害生。凡易之請(情)，近而不相得則凶，或
害之，則𢙐(悔) 46行
且𡚶(吝)。將反則【其】辭亂，吉人之辭寡，趮(躁)人之辭多，無善之人其辭斿(遊)，失其所守其辭屈。 47行

符號說明：

(一)帛書繫辭傳圖版殘缺之處，凡參照通行本補入者，用【　】號標明。
(二)帛書中少數比較明確的古文異體字，直接用漢字隸定。
(三)釋文中凡通假字，均用（　）號標明。
(四)凡確定漏抄的文字，用〈　〉號補入。
(五)帛書殘缺文字，以□□符號表示。
(六)凡用⊙符號以下文字爲帛書繫辭傳原本全文每行之下欄。
(七)本文參考陳松長的帛書繫辭釋文，謹在此致謝。

附錄四　古今文各種圖片

古文

(一)甲骨文

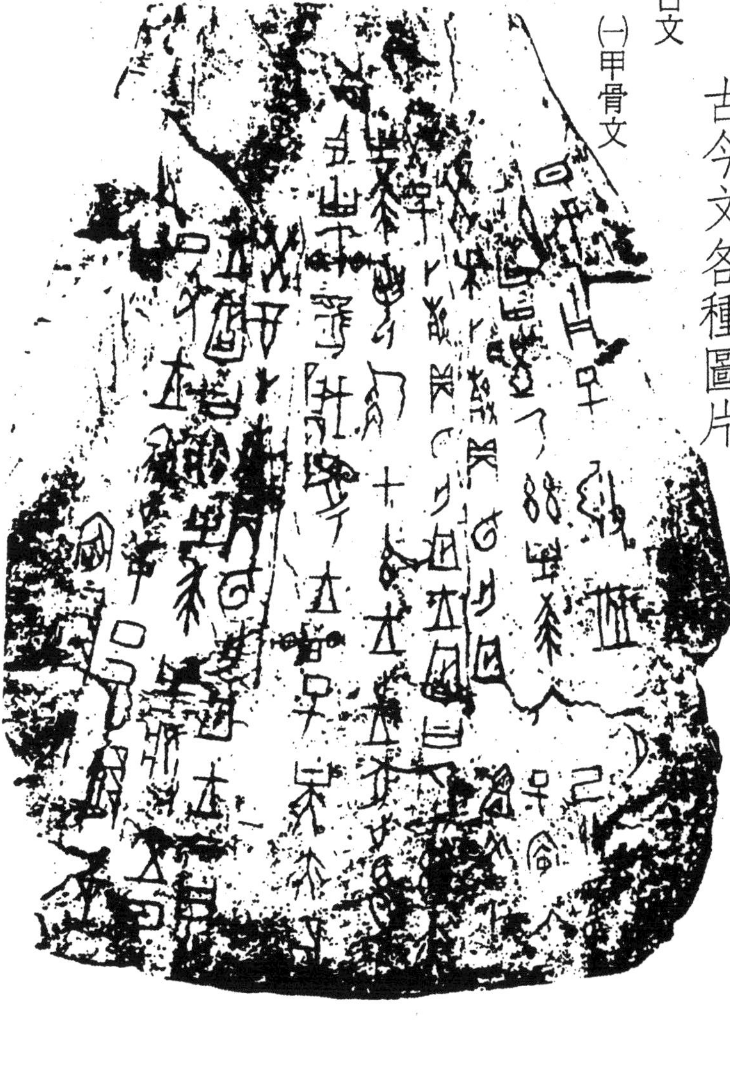

㈡石鼓文

(三)盂鼎

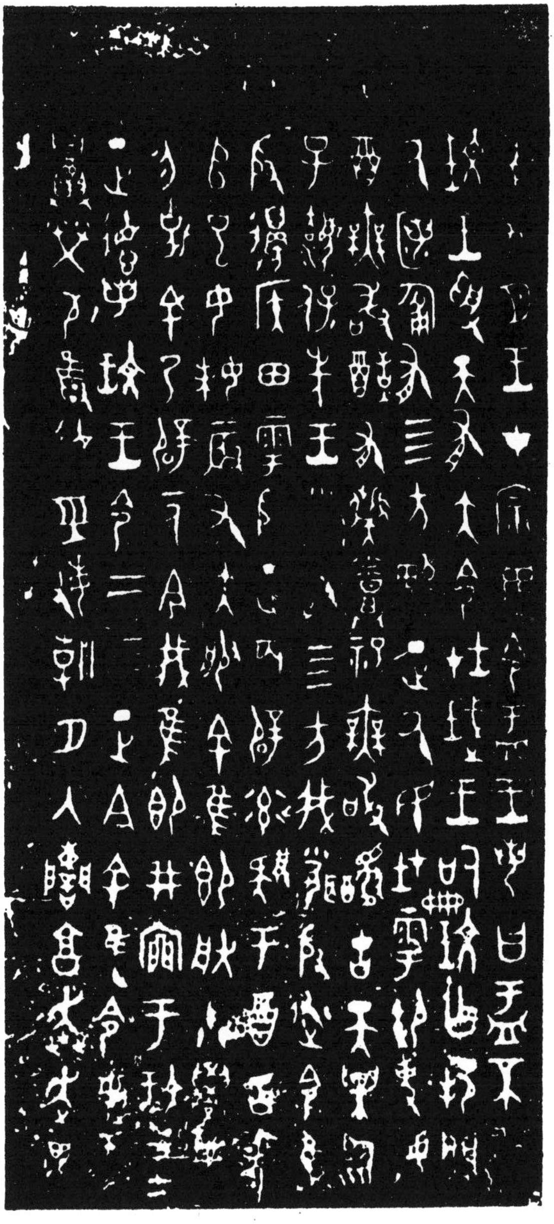

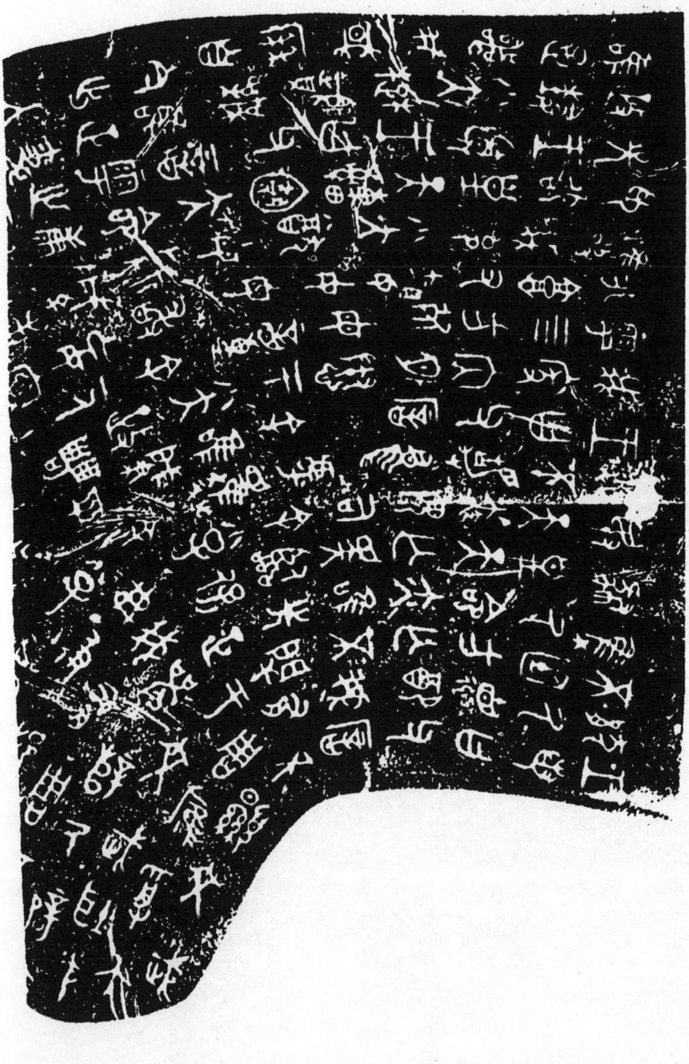

㈣毛公鼎

(五)散氏盤

㈥虢季子白盤

今文

㈠秦泰山刻石

㈡秦詔版

㈢秦銅權銘

㈣漢少室神道闕

(五)銀雀山竹簡孫子兵法

上编

【计】

图版

㈥武威竹簡儀禮

㈦武威木簡儀禮

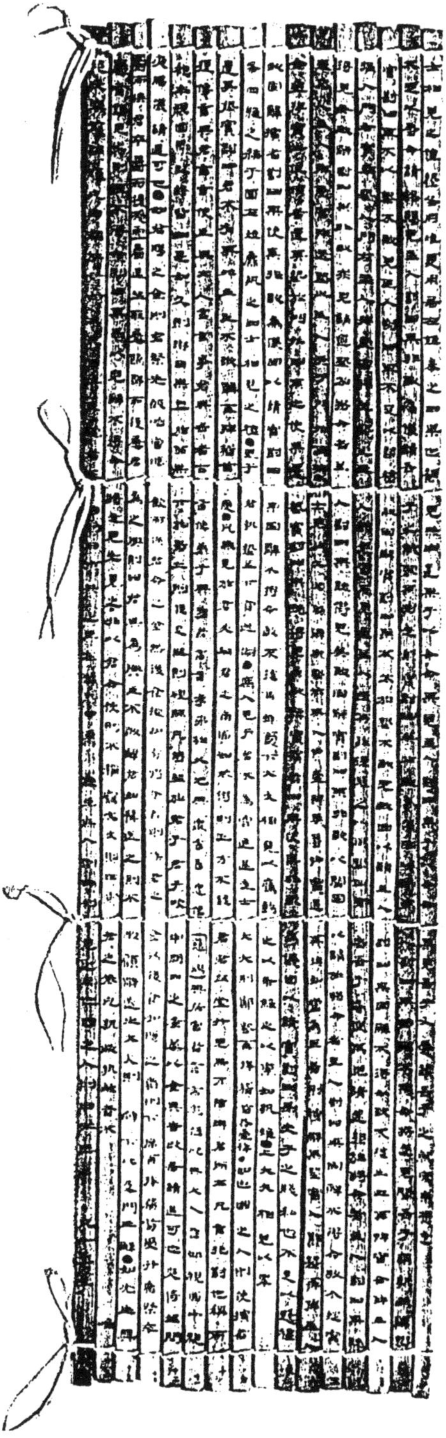

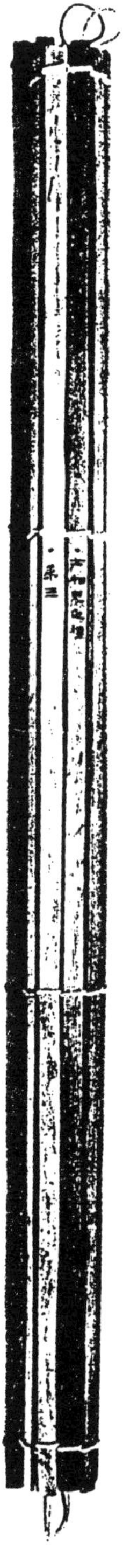

(八)漢代木簡之一

(九)漢代木簡之二

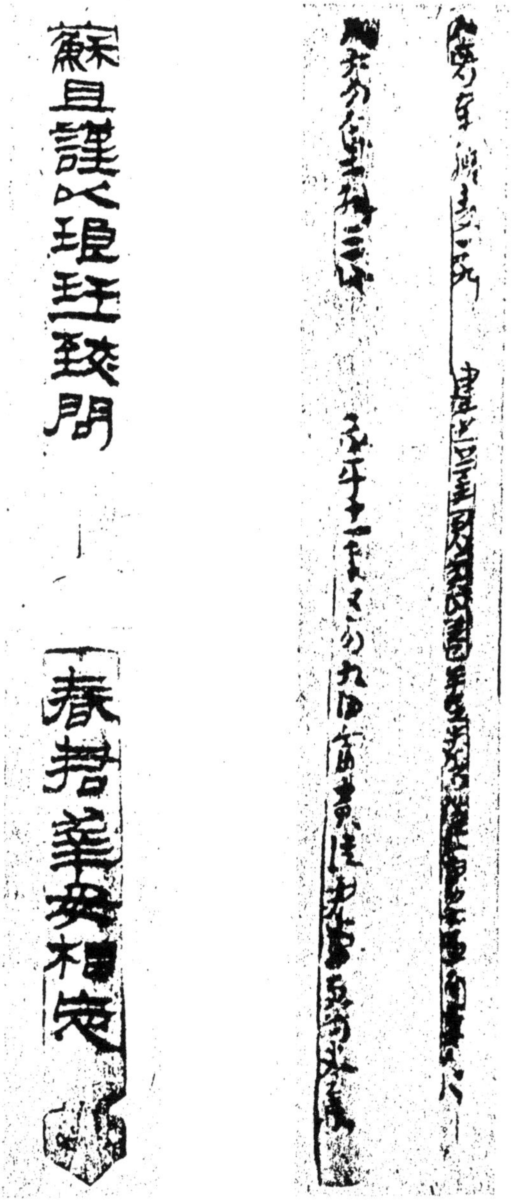

(十)漢熹平石經—文言說卦上

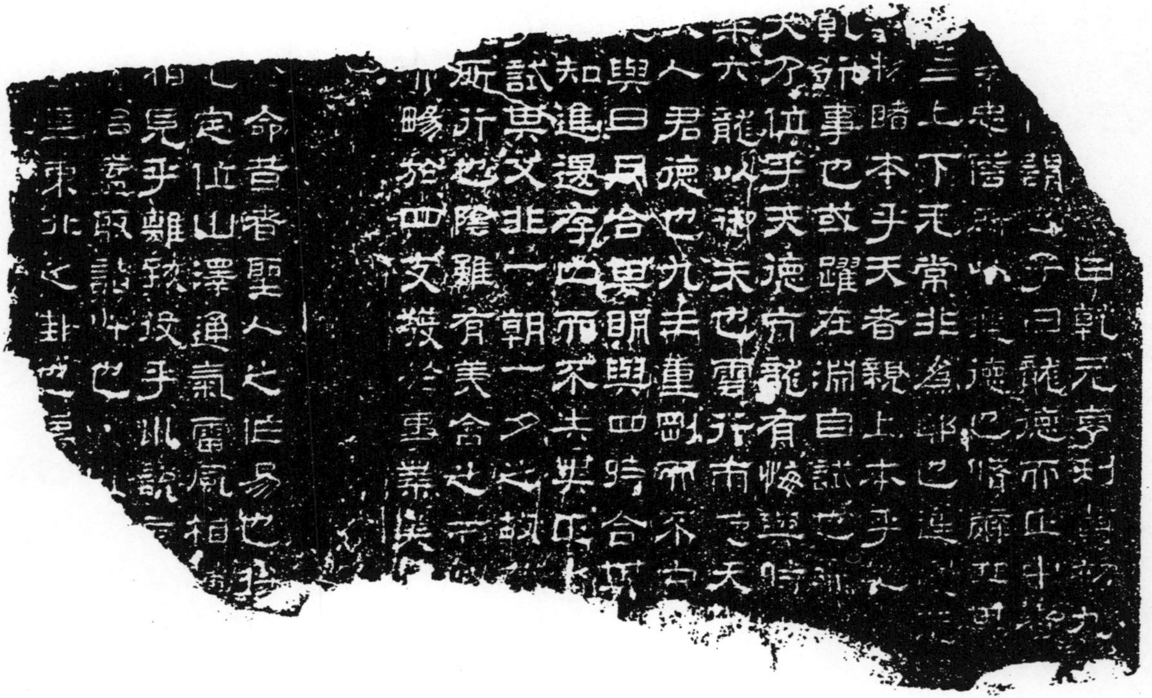

(十一)漢熹平石經—文言說卦下

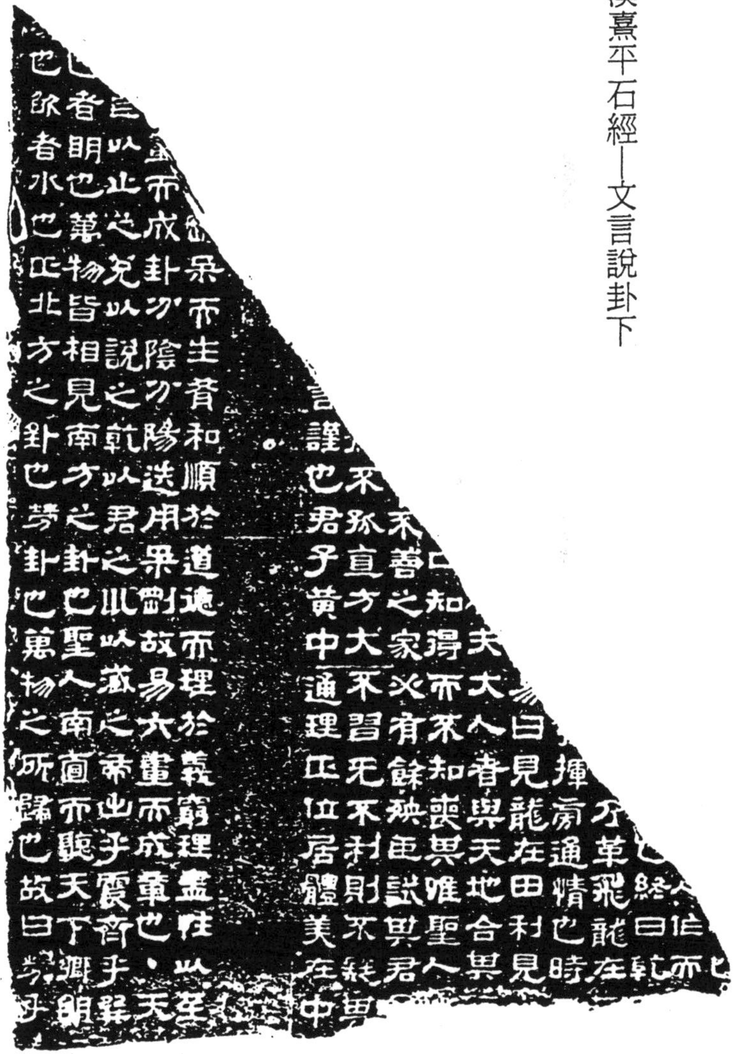

(十二)漢熹平石經——家人迄歸妹

(三)魏三體石經

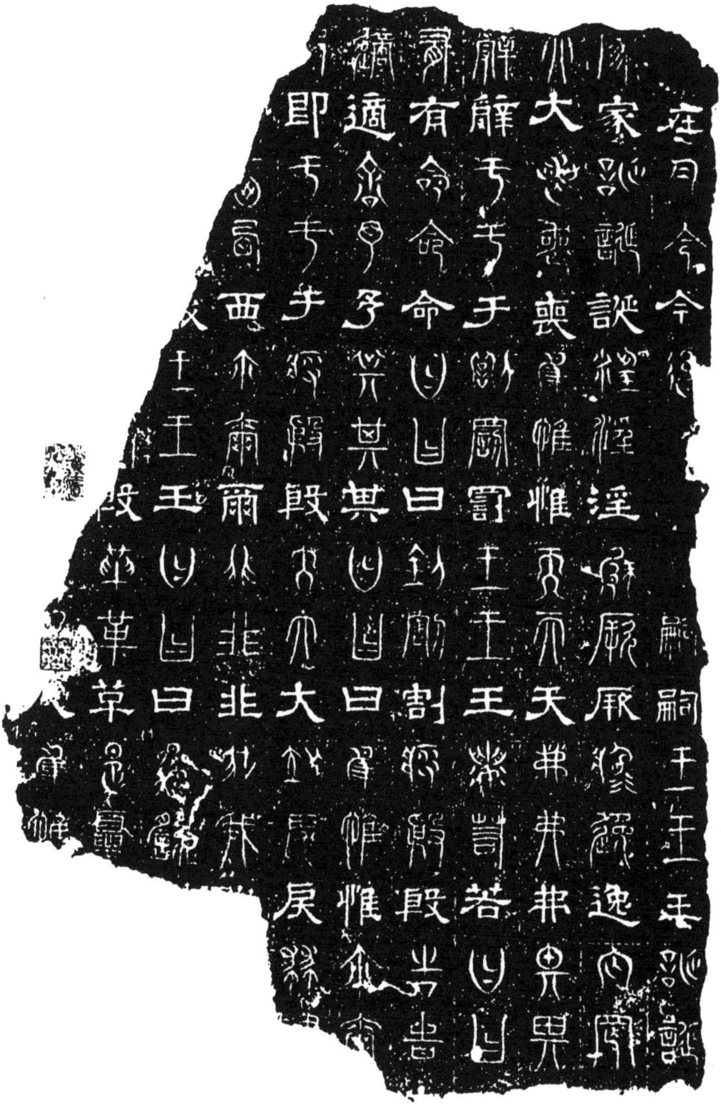

重要參考書目

馬王堆漢墓文物　陳松長　一九九二年湖南出版社影印本
周易帛書今注今譯　張立文　一九九一年台灣學生書局
周易注　魏王弼　清乾隆四十八年武英殿刊宋相臺本
周易正義　唐孔穎達　清嘉慶江西南昌府刊十三經注疏本
周易集解　唐李鼎祚　清乾隆二十一年雅雨堂刊本
周易音義　唐陸德明　雅雨堂刊本
陸續京氏易傳　漢陸　績　明范氏天一閣刊本
周易本義　宋朱　熹　清光緒九年景宋咸淳本
熊氏經說　元熊朋來　清康熙十九年通志堂經解刊本
易纂言　元吳澄　清康熙十九年通志堂經解刊本

周易鄭康成注　宋王應麟　上海商務印書館「四部叢刊」影印元刊本
周易章句證異　清翟均廉　上海商務印書館影印「四庫全書」鈔本
費氏古易訂文　清王樹枏　清光緒十七年文莫室刊本
一九九〇年台北市文史哲出版社影印本
古史辯　顧頡剛　第三冊一九三一年北京樸社排印本
帛書「繫辭」釋文　陳松長　一九九三年「道家文化研究」第三輯
帛書二三子問、易之義要釋文　廖名春　一九九三年「道家文化研究」第三輯
帛書「繫辭傳」校證　黃沛榮　一九九三年「道家文化研究」第三輯
易學新論　嚴靈峰　國立編譯館「經子叢著」第五冊排印本
馬王堆帛書易經初步研究　嚴靈峰　國立編譯館「經子叢著」第五冊排印本
無求備齋學術新著　嚴靈峰　台灣商務印書館排印本
尚書正義　唐孔穎達　清嘉慶江西南昌府刊「十三經注疏」本
說文解字　清段玉裁　台北市藝文印書館影印本

無求備齋主人著述年表

一 翻譯

辯證法的唯物論（譯）　蘇聯施姆柯夫斯基著　民國十九年三月上海平凡書店初版

經濟學的基本概念（譯）　德國博洽德著　民國十九年六月上海春秋書店初版　民國二十二年上海新生命書局再版

歷史唯物論入門（譯）　蘇聯畢諦列夫斯基著　民國十九年六月上海春秋書店初版　民國二十二年上海新生命書局再版

近代西方經濟學家及其理論（譯）　蘇聯魯濱著

民國二十二年上海新生命書局初版

二　自著

中國經濟問題研究

民國二十年六月上海新生命書局初版
民國二十年十二月上海新生命書局再版
日本昭和七年十二月中央公社田中忠夫「支那經濟論」節譯本
一九七三年八月日本東京龍溪書舍「社會史問題論戰叢書」翻印本

追擊與反攻（前書續集）

民國二十年十月上海神州國光社初版
一九七三年八月日本東京龍溪書舍「社會史問題論戰叢書」翻印本

胡適中國哲學史批判

民國二十九年五月福建民報社初版
民國三十二年贛州中華正氣出版社再版

老子章句新編

民國三十三年六月重慶文風書店初版

民國三十五年二月上海東方書店再版
民國四十一年九月臺北啓明書局節本三版
民國四十二年二月四版初稿油印本
民國四十三年四月臺北中華文化事業出版委員會新初版
民國四十四年十一月臺北中華文化事業出版委員會再版
民國五十四年十月臺北中華文化事業出版委員會三版
民國五十七年十月臺灣商務印書館「道家四子新編」初版
民國六十六年八月臺灣商務印書館「道家四子新編」再版

陶鴻慶「老子王弼注勘誤」補正

民國四十六年四月無求備齋初版
民國五十四年臺北藝文印書館「無求備齋老子集成」續編新版
民國六十六年十月「無求備齋諸子讀記」新再版

中外老子著述目錄

民國四十六年臺北中華叢書委員會初版

老聃新傳

民國四十七年九月臺北中華文化出版事業委員會「中國

哲學論集」初版

民國四十八年十一月香港亞洲出版社「老莊研究」再版

民國五十五年五月臺灣中華書局「老莊研究」新初版

民國六十八年四月臺灣中華書局「老莊研究」再版

民國五十五年三月「李氏文獻」三版

民國六十年十月臺北藝文印書館「老子達解」附錄四版

民國六十八年五月臺北華正書局「老子達解」附錄五版

民國七十一年八月臺北華正書局「老子達解」附錄六版

馬王堆帛書易經斠理

王弼以前老學傳授考

民國四十七年九月臺北中華文化出版事業委員會「中國哲學論集」初版

民國五十五年六月臺灣中華書局「老莊研究」再版

莊子章句新編

民國五十七年十月臺灣商務印書館「道家四子新編」初版

民國六十六年八月臺灣商務印書館「道家四子新編」再版

易學新論

民國三十四年十月手稿本

	民國三十六年三月福州左海學術研究社初版
	民國五十八年七月臺北正中書局新初版
	民國六十年二月臺北正中書局再版
	民國六十四年二月臺北正中書局三版
	民國六十七年七月臺北正中書局四版
易簡原理與辯證法	民國四十一年四月臺北正中書局初版
	民國五十五年五月臺北正中書局再版
	民國六十四年二月臺北正中書局三版
	民國六十七年七月臺北正中書局四版
老子章句新編纂解	民國四十三年二月東京初稿油印本
	民國四十四年十一月臺北中華文化事業出版委員會初版
老子衆說糾繆	民國四十五年六月無求備齋初版
校訂王弼「老子微旨例略」	民國四十五年六月無求備齋初版
	民國五十四年臺北藝文印書館「無求備齋老子集成」初

編再版

民國六十八年四月臺灣中華書局「老莊研究」三版

老子衆本考異

民國四十七年五月手稿本

陸德明「老子音義」引書考略

民國四十八年十二月大陸雜誌社初版

民國五十四年臺北藝文印書館「無求備齋老子集成」初編再版

陸德明「莊子音義」引書考略

民國四十九年三月大陸雜誌社初版

民國六十年臺北藝文印書館「無求備齋莊子集成」續編新版

老莊研究

民國四十八年十二月香港亞洲出版社初版

民國五十五年五月臺灣中華書局初版

民國六十八年四月臺灣中華書局再版

列子章句新編

民國四十九年五月無求備齋香港初版

民國五十七年十月臺灣商務印書館「道家四子新編」初

版

民國六十六年臺灣商務印書館「道家四子新編」再版

楊子章句新編

民國四十九年五月無求備齋香港初版

民國五十七年十月臺灣商務印書館「道家四子新編」初版

民國六十六年臺灣商務印書館「道家四子新編」再版

列子莊子知見書目

民國五十年十月無求備齋香港初版

論語章句新編（論語講義）

民國五十一年六月香港珠海書院「專書選讀」油印本

民國五十二年六月無求備齋香港初版

民國五十七年九月臺北水牛出版社新初版

民國七十年九月臺北水牛出版社重印再版

三種古本道德經辨僞

民國五十三年十二月「中國哲學會年刊」初版

民國五十八年六月臺灣中華書局「無求備齋學術論集」新版

讀論語札記

民國五十三年六月「學宗」雜誌初版

民國五十五年臺北藝文印書館「無求備齋論語集成」初版
民國六十年十月臺北成文出版社「無求備齋諸子讀記」再版

輯嚴遵老子注　民國五十四年臺北藝文印書館「無求備齋老子集成」初版
輯嚴遵道德指歸論　民國五十四年臺北藝文印書館「無求備齋老子集成」初版
輯葛玄老子節解　民國五十四年臺北藝文印書館「無求備齋老子集成」初版
輯成玄英道德經開題序訣義疏　民國五十四年臺北藝文印書館「無求備齋老子集成」初版
輯李榮老子注　民國五十四年臺北藝文印書館「無求備齋老子集成」初版
輯訂喬諷道德經疏義節解　民國五十四年臺北藝文印書館「無求備齋老子集成」初版
輯王安石老子注　民國五十四年臺北藝文印書館「無求備齋老子集成」初版
輯程大昌易老通言　民國五十四年臺北藝文印書館「無求備齋老子集成」初版
老列莊子三子知見書目　民國五十四年中華叢書委員會「中華叢書」初版
注音老子章句新編　民國五十五年十月無求備齋初版
老列莊三子知見書目補正　民國五十七年四月大陸雜誌社初版

墨子簡編	民國五十七年臺灣商務印書館「人人文庫」初版
	民國五十九年二月臺灣商務印書館「人人文庫」二版
	民國六十五年四月臺灣商務印書館「人人文庫」三版
墨子知見書目	民國五十八年一月臺灣學生書局初版
道家四子新編	民國五十七年十月臺灣商務印書館初版
	民國六十六年八月臺灣商務印書館再版
無求備齋學術論集	民國五十八年六月臺灣中華書局初版
林崇墉書老子章句新編全文	民國六十年五月無求備齋初版
莊子選注	民國六十年十一月臺北正中書局初版
老子達解	民國六十年十月臺北藝文印書館初版
	民國六十八年五月臺北華正書局新初版
	民國七十一年八月臺北華正書局再版
管子晏子知見書目	民國六十一年十二月「國立中央圖書館館刊」初版
無求備齋序跋	民國六十三年六月無求備齋初版

周秦漢魏諸子知見書目
民國六十七年臺北成文出版社「書目類編」再版
民國六十一年十二月臺北正中書局卷一初版
民國六十四年十二月臺北正中書局卷二初版
民國六十六年十一月臺北正中書局卷三初版
民國六十六年十一月臺北正中書局卷四初版
民國六十七年七月臺北正中書局卷五初版
民國六十八年十一月臺北正中書局卷六初版
一九九三年四月北京中華書局全書再版

馬王堆帛書老子試探
民國六十五年十月臺北河洛圖書出版社初版
民國七十一年十二月成文出版社「無求備齋老列莊三子集成補編」再版

中英對照老子章句新編
民國七十二年國立編譯館「經子叢著」三版
民國六十六年十月臺北成文出版社初版

無求備齋諸子讀記
民國六十六年十月臺北成文出版社初版

老子宋注叢殘　民國六十八年七月臺灣學生書局初版

老子崇寧五注　民國六十八年十月臺北成文出版社初版

馬王堆帛書易經初步研究　民國六十九年七月臺北成文出版社初版

歷史對馬列主義的考驗　民國七十年十月檀香山戴安洛出版公司初版

民國七十六年四月中視文化事業公司再版

列子辯誣及其中心思想　民國七十二年十月臺北時報文化出版公司初版

大學章句新編　民國七十二年九月臺北帕米爾書店初版

無求備齋文庫諸子書目　民國七十六年一月臺灣國立中央圖書館初版

老子莊子　民國七十六年台灣正中書局排印本

無求備齋學術新著　民國七十六年二月臺灣商務印書館初版

老子研讀須知　一九八二年台灣正中書局排印本

無求備齋持贈輔仁大學書目初稿　一九九三年自印排印本

無求備齋持贈北京圖書館書目初稿　一九九九年自印排印本

三　編輯諸種集成

無求備齋老子集成初編　民國五十四年臺北藝文印書館
無求備齋老子集成續編　民國五十九年臺北藝文印書館
無求備齋列子集成　民國六十年臺北藝文印書館
無求備齋莊子集成　民國六十年臺北藝文印書館
無求備齋莊子集成續編　民國六十二年臺北藝文印書館
無求備齋老列莊三子集成補編　民國七十一年臺北成文出版社
無求備齋墨子集成　民國六十四年臺北成文出版社
無求備齋荀子集成　民國六十六年臺北成文出版社
無求備齋韓非子集成　民國六十九年臺北成文出版社
無求備齋論語集成　民國五十五年臺北藝文印書館
無求備齋孟子十書　民國五十八年臺北藝文印書館
無求備齋易經集成　民國六十五年臺北成文出版社
書目類編　民國六十七年臺北成文出版社

四　老莊重要新論文

老子的重要用語之解釋

民國四十七年三月無求備齋初稿油印本
民國四十七年七月「大陸雜誌」第十七卷第二期抽印本
民國四十八年二月香港亞洲出版社「老莊研究」初版
民國五十五年六月臺灣中華書局「老莊研究」新初版
民國六十八年四月臺灣中華書局「老莊研究」再版
民國五十八年六月臺灣中華書局「無求備齋學術論集」四版

老子哲學中若干重要問題

民國五十七年八月初稿油印本
民國五十七年八月「華學會議」論文集初版
民國五十七年十一月「東方雜誌」復刊第二卷第三期再版
民國五十八年臺灣中華書局「無求備齋學術論集」初版
民國六十年十月臺北藝文印書館「老子達解」初版
民國六十八年五月臺北華正書局「老子達解」新版

老子書中「德」字之系統的研究

道家哲學中的「有」「無」問題

民國七十一年八月臺北華正書局「老子達解」二版

民國四十八年一月「大陸雜誌」初版

民國四十八年二月香港亞洲出版社「老莊研究」初版

民國五十五年六月臺灣中華書局「老莊研究」新初版

民國六十八年四月臺灣中華書局「老莊研究」再版

民國五十八年六月臺彎中華書局「無求備齋學論術論集」初版

民國六十七年四月無求備齋中英對照本初版

民國六十七年十月「亞洲文化季刊」英文本再版

民國六十七年七月中央日報副刊「文史」第十期三版

民國六十八年二月中央日報「文史選集」第一輯四版

民國六十七年九月「華學」月刊第八十一期五版

民國六十七年十二月國立臺灣大學「文史哲學報」第二十七期六版

老莊的認識論

民國六十一年五月臺北華正書局「老子達解」新初版
民國七十一年八月臺北華正書局「老子達解」二版
民國六十九年八月中央研究院國際漢學會議初稿油印本
民國七十年十月中央研究院「國際漢學會議論文集」初版
民國六十九年十一月「東方雜誌」復刊第十四卷第五期再版
民國七十二年七月輔仁大學「哲學論集」第十七期三版

易經和道家中之「相反相成」原理

一九八七年十二月國際孔學會議初版
一九九〇年十一月北京「中國哲學史研究輯」再版
一九九二年四月台灣正中書局「老子研讀須知」三版
一九九二年十二月台灣「中華雜誌」季刊四版

無求備齊選集（「經子叢著」）

第一冊

民國七十二年五月國立編譯館「中華叢書」初版

第五冊

十二　易學新論

十三　易簡原理與辯證法

十四　馬王堆帛書易經初步研究

第六冊

十五　輯嚴遵老子注

十六　輯補嚴遵道德指歸論

十七　輯葛玄老子節解

十八　輯成玄英老子開題序訣義疏

十九　輯李榮老子注

第七冊

二十　輯訂喬諷道德經義節解

二一　輯程大昌易老通言

二二　輯老子崇寧五注